U0856719

鹤山市非物质文化遗产名录图典

PICTURE ALBUM OF THE INTANGIBLE CULTURAL HERITAGE IN HESHAN

鹤山市文化馆◎编

中国華僑出版社

北 京

图书在版编目（CIP）数据

鹤山市非物质文化遗产名录图典 / 鹤山市文化馆编. — 北京 : 中国华侨出版社，2021. 6
ISBN 978-7-5113-8422-5

Ⅰ. ①鹤… Ⅱ. ①鹤… Ⅲ. ①非物质文化遗产—鹤山—图集 Ⅳ. ①G127. 654-64

中国版本图书馆CIP数据核字（2020）第 226689 号

●鹤山市非物质文化遗产名录图典

编　　者 / 鹤山市文化馆
责任编辑 / 高文喆　桑梦娟
封面设计 / 大燃图艺 · 姜宜彪
经　　销 / 新华书店
开　　本 / 889毫米 × 1194 毫米　1/16　印张/ 15. 25　字数/ 145千字
印　　刷 / 北京天正元印务有限公司
版　　次 / 2021 年 6 月第 1 版　2021 年 6 月第 1 次印刷
书　　号 / ISBN 978-7-5113-8422-5
定　　价 / 98 . 00元

中国华侨出版社　北京市朝阳区西坝河东里77号楼底商5号　邮编：100028
法律顾问：陈鹰律师事务所
发 行 部：（010）64443051　传　真：（010）64439708
网　址：www.oveaschin.com　E-mail：oveaschin@sina.com

《鹤山市非物质文化遗产名录图典》编辑委员会

鹤山市地图

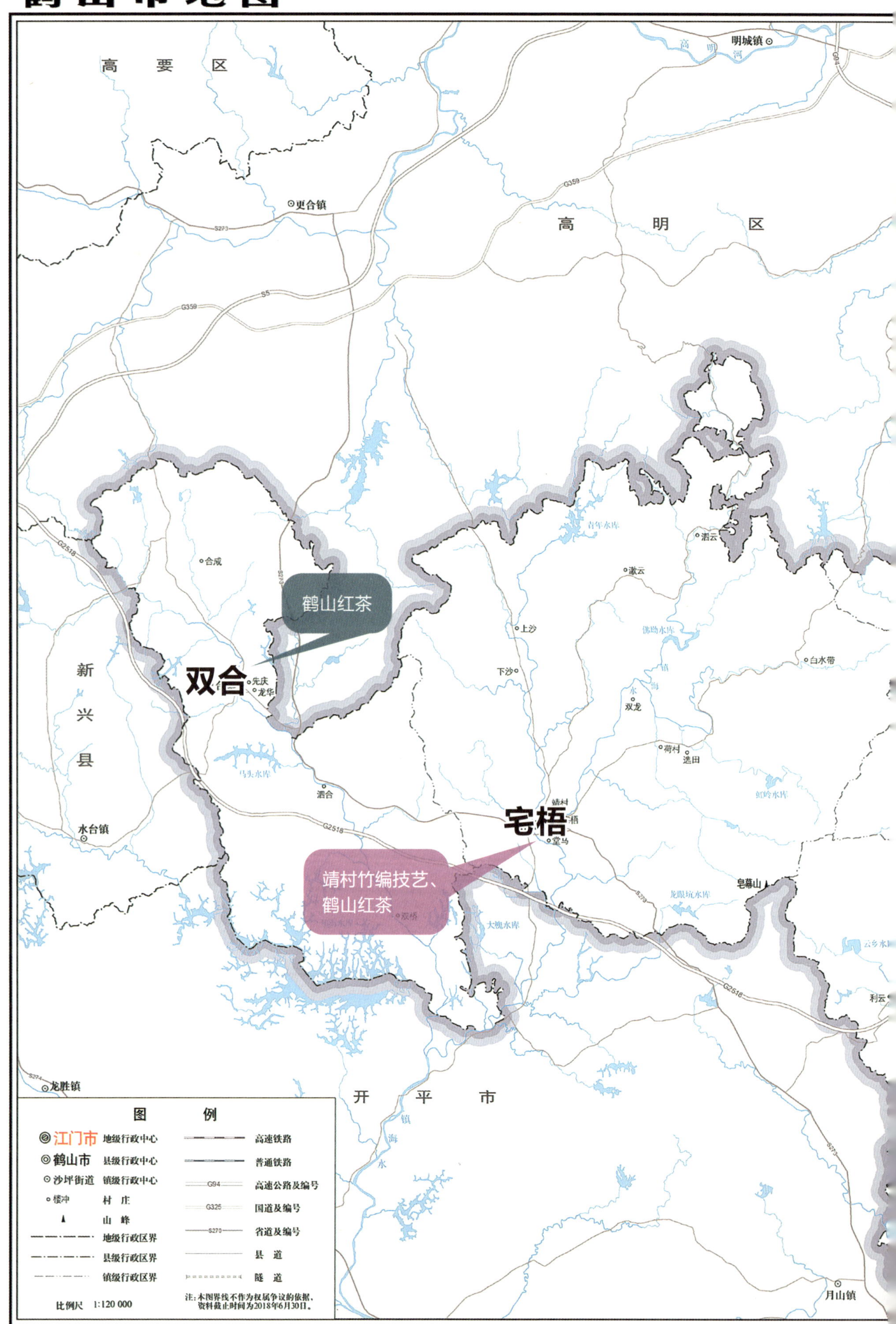

审图号：粤S（2018）131号

古劳
咏春拳、狮艺、
古劳三夹腾龙、
东古牌系列酱料制作技艺、
古劳鱼皮角、
古劳麦水勅力诞习俗、鹤山红茶
沙坪
咏春拳、狮艺、
鹤山狮头制作技艺、
玉桥民间传统艺术节
龙口
龙口牛肉、源广和盒仔茶
鹤山红茶
桃源
钱塘彩龙、
竹朗金龙、
桃源社日
雅瑶
狮艺、
陈山香火龙习俗、
黄洞香火龙习俗、
圣堂香火龙习俗、
黄洞米点
鹤城
狮艺、鹤城腐竹、
客家黄酒、客家山歌、
鹤城花生加工技艺、
鹤山红茶、
鹤城客家花炮会、
鹤城客家上灯习俗、
紫丹苏陶制作技艺
共和
狮艺、鹤山红茶、
鹤山狮头制作技艺
址山龙湾龙舟
鹤山市
南海区
高明区
顺德区
蓬江区
新会区
江海区
江门市
蓬江区环市街道
白沙街道
会城街道
大泽镇
罗坑镇
杜阮镇
棠下镇
潭江
西江干流水道
广东省国土资源厅 监制

PREFACE

鹤山，是西江流域的璀璨明珠，自古以来文化荟萃、人才辈出，创造了具有本土特色的鹤邑文化。而充分反映本地人民思想文化观念、生产生活习俗、衣食住行习惯的非物质文化遗产（以下简称“非遗”），正是鹤邑文化的精华部分，也是弥足珍惜的宝贵财富。

鹤山市委市政府高度重视非遗文化的传承、保护和发展，积极引导社会各界加深对非遗的认识和了解，营造全社会参与非遗保护的良好氛围。在鹤山市文化馆及各镇（街）的共同努力下，我市的非遗种类和项目不断丰富，截至2020年，有省级项目5项、市级项目10项、县级项目27项。其中，咏春拳、狮艺、陈山香火龙等项目更是茁壮成长、遍地开花，在全市各镇（街），乃至乡村都有专业队伍和活跃团体，形成了“政府主导、市民主体、文化主线、活动主角”的良好局面，把“鹤山马步”扎得稳如泰山，“鹤山拳头”打得虎虎生风，充分展现了新时代鹤山人民团结拼搏、奋勇前进、力争上游的地方精神和社会风貌。

鹤山市文化馆的同志是一支敢战斗、能胜利的队伍，一直走在我市文化建设的最前线。他们结合日常非遗工作，组织人员精心编辑此书，通过摄影家的镜头和书写者的笔触，展现了鹤山非遗的瞬间精彩与永恒魅力，诠释了它的文化内涵与精神内核，出色地完成了市委市政府交给的任务。相信本书能成为一扇窗口、一座桥梁和一个号角，唤起全社会齐心协力推动非遗事业发展、推进鹤山精神文明建设、带动中华优秀传统文化代代相传。

当然，这仅仅是一个好的开端，我们在非遗的深度挖掘和后期保护上，仍有很大发展空间。希望全市的文化工作者再接再厉，继续为我市构建文化品牌和打造城市形象，促进文化旅游事业发展，建设湾区现代化创业之城作出应有贡献。这正是市委市政府支持编辑出版这本书的初衷和目的。

是为序。

鹤山市文化广电旅游体育局

目录
CONTENTS

传统舞蹈

狮艺

钱塘彩龙

竹朗金龙

狮艺

所在区域：鹤山全境

入选信息：2007年入选鹤山市第一批县级非物质文化遗产代表性项目保护名录，同年先后入选江门市第一批非物质文化遗产代表性项目保护名录、广东省第二批非物质文化遗产代表性项目保护名录。

▲举办非遗展演之南狮争霸赛活动

说起南国醒狮，人们会想起影视作品中的黄飞鸿，他所代表的佛山狮艺闻名遐迩。而在鹤山也有这样一位南国醒狮的代表性人物——冯庚长。这位出自越塘的广东狮王天资聪颖，悟性极高，自幼跟随身为少林俗家弟子的父亲习武，打下了深厚的武功底子。长大后师从在佛山开武馆的同乡冯了性，学习武艺和狮艺。他勤奋好学，善于变化创新，细心研究佛山狮艺的特点。冯庚长回到鹤山之后，将多年学习的心得总结归纳、推陈出新，创立了体系完整、特点突出的鹤山狮艺。从此，“鹤山狮”与“佛山狮”并称为南狮的两大派别。

鹤山狮与佛山狮有何区别呢？最大的区别就是步法不同，由此塑造的狮子个性、风格不同。佛山狮是硬桥硬马、声势雄壮，而鹤山狮则灵巧活泼、情态可人。冯庚长在武馆专门养猫，细心观察，悟出了狮型猫步，把猫的动作与性格融合到醒狮身上，形成“八情”（喜、怒、惊、乐、疑、醉、睡、醒），塑造了“见物必疑、见青必喜、见红必惊、见桩必咬、见木必拔、见水必戏、见阶必探”的表演性格，使之既形态威猛，又步伐轻灵，表现醒狮灵活、多疑、可爱的一面。在狮形猫步基础上，鹤山狮形成“五马十八步”步法，还有“五法四到”的训练诀窍（五法：桥、腕、指、马、步；四到：眼到、身到、腰到、步到），构成了非常完整的鹤山狮艺步法体系。

鹤山狮的表演也是自成体系，在表演中形成了“洪头蔡尾”“玩七星”“三出三入”“反狮被”等标志动作，更有“玩绣球”这样充分显现其灵活特点的高难度套路。在经典套路基础上，融入粤剧情节，创作了《大头佛引狮》《英雄打狮》等狮舞传统剧目，极大地丰富了狮舞的表演形式与内涵。如《英雄打狮》，包括八大套路：

▲狮子滚绣球

▲把猫的动作与性格融合到醒狮身上，形成“八情”之喜

▲把猫的动作与性格融合到醒狮身上，形成“八情”之怒

▲把猫的动作与性格融合到醒狮身上，形成“八情”之惊

▲把猫的动作与性格融合到醒狮身上，形成“八情”之乐

▲把猫的动作与性格融合到醒狮身上，形成“八情”之疑

▲把猫的动作与性格融合到醒狮身上，形成“八情”之醉

▲把猫的动作与性格融合到醒狮身上，形成“八情”之睡

▲把猫的动作与性格融合到醒狮身上，形成“八情”之醒

狮子出窦、狮子出洞、狮子舞四门、狮子登楼台（上台、过桥、台上采青）、大头佛采灵芝、狮子滚绣球、英雄打狮、收桩。这是一部以狮舞为基础，带有情节的剧目，只有具备十分强大的创作力，才能让观众对这长达两个半小时的表演乐此不疲。鹤山狮的精彩纷呈，吸引了鹤山人，并让他们对这门传统艺术有一种深深的热爱。

▲鹤山狮的表演在经典套路基础上，融入粤剧情节，创作了《大头佛引狮》《英雄打狮》等狮舞传统剧目

传统的鹤山狮以采青难度高见长，采青的舞法极为丰富，类别也多。颇具代表性的有地青、高青、桥底青、螃蟹青、鲤鱼青、井底捞月青、金钱吊芙蓉青等，号称有108个青阵。作为狮舞的核心技艺，采青是对舞狮者武功、智慧、经验三方面的综合考验。鹤山狮艺独树一帜，既有极高的观赏性，又有令人叫绝的高难度，这离不开其创立者和继承者的不懈努力。

据说，佛山有位商人曾设立一个高难度的莲花青，该青阵设在河中央，离岸一丈二尺。此阵一出，在佛山引起轰动，大家都想不出破解的办法，很多狮馆知难而退，不敢应战。只有冯庚长不服输，与师弟胡沛细致商量之后，利用杠杆原理，把大耙插在河岸边，由几名徒弟撑着，冯庚长为狮头、胡沛为狮尾，整只狮子沿着大耙舞到河中央，顺利把青采得。岸上观众看到这一惊人的表演，掌声雷动。此消息马上传遍整个佛山，冯庚长之名随之大震，奠定了他在狮艺界的地位。

除了这些特征之外，鹤山狮的狮头造型也自成一派。冯庚长结合狮形猫步的特点，将鹤山狮设定为“刘备”角色（与佛山狮的“关羽”“张飞”角色相对），改造原来的南狮狮头造型。典型的鹤山狮以青、黄色为主色调，配以青鼻、企眼、鲤鱼额、拳角、蓬花座、莲蓬眼顶、猫须面、蛤蝓嘴、烂耳兜风，融入了众多猫的元素，形态更具喜感。另外，为了表现刘备是“草鞋皇帝”，还会在狮子的鼻子到背部画两条草龙，并配上五只代表“福气”的蝙蝠，称之为“五蝠背”。具备上述鲜明特征的“刘备狮”成为了鹤山狮的标志性样式。

为配合狮形猫步，在原有三星鼓、五星鼓（梅花鼓）、混合鼓基础上，创立了一套雄壮、悦耳、节奏感强的“七星鼓法”，使音乐与狮舞配合得更加默契，丝丝入扣，增强了鹤山狮艺的娱乐性、观赏性和表演性。

与周边县市相比，鹤山人民对狮艺确实情有独钟。鹤山市2019年年末常住人口51.65万人（《2019年鹤山市国民经济和社会发展统计公报》），而注册狮馆却有45间，狮队达223支，几乎每一个村委会都有一个以上的狮队，从事狮艺活动人员超过6000人。也就是说，每100个鹤山人就有一个会舞狮！

▲鹤山人民对狮艺确实情有独钟，狮队达 223 支，几乎每一个村委会都有一个以上的狮队，从事狮艺活动人员超过 6000 人

▲鹤山舞狮历史悠久，凡是传统节日、活动庆典、大型文艺汇演等都有舞狮助兴

近年来，鹤山市政府高度重视狮艺的保护和传承工作，积极开展狮艺进校园活动，将狮艺作为校本课程，面向青少年学生教授。政府每年为社会群众和外来游客举办大小狮舞活动10多场，在春节期间更是举办大型的“龙狮汇”，有超过100头狮参加表演，成为鹤山一张亮丽的文化品牌。在传承推广过程中，包括省级传承人冯昆杰、黄永安在内的一大批狮艺传承人发挥了积极作用。

鹤山狮艺不仅盛行于鹤山及珠三角

▲鹤山市积极开展狮艺传承活动，重视对青少年的培养，举办少儿狮艺大赛

▲鹤山市政府高度重视狮艺的保护和传承工作，积极开展狮艺进校园活动，将狮艺作为校本课程，面向青少年学生教授

▲鹤山市政府高度重视狮艺的保护和传承工作，近年在文化中心广场开展狮艺公益课堂，让广大市民更多地了解狮艺

▲鹤山狮艺第四代传人——冯昆杰师傅

▲鹤山狮艺第四代传人——黄永安师傅

▲鹤山狮艺第四代传人——冯应毅师傅

▲鹤山狮艺第五代传人——黄湛昌师傅

▲狮艺县级传承人——黄富强师傅

鹤山市2019年

2019
新春龙狮汇
新春龙狮汇

▲上下图为 2018、2019 年举办鹤山大型新春“龙狮汇”民俗活动

地区，而且随着鹤山华侨的足迹走出广东、走向世界，在中国港澳、东南亚、美加等地区风行。鹤山狮被新加坡冠为“狮王之王”，在马来西亚、印度尼西亚屡获狮舞比赛冠军，成为展示中华文化魅力的重要载体。据说，只有鹤山狮可在狮头绣上“王”字，足见其江湖地位之高。

鹤山人李怡生把鹤山狮艺传到新加坡，发起、组织“怡怡堂瑞狮团”，当地的鹤山同乡会成立后，狮团更名为“鹤山醒狮团”。李怡生不遗余力，教授、发展鹤山狮艺，其徒弟也很有成就，如吕耀斌连任三届新加坡全国狮艺大赛评判，还先后担任三个狮团的教练和四个狮团的顾问；梁肇富从15岁开始学艺，除学习狮艺外，在鹤山狮团练就击鼓绝技，享有“东南亚鼓王”之誉，曾历任10个狮团的团长、名誉团长或顾问。

近年来，海内外的鹤山狮团体交流密切，相互切磋、取长补短，推动了鹤山狮艺的发展，使之更具观赏性、娱乐性。鹤山狮艺架起了鹤山乃至全省与港澳同胞、海外侨胞友谊的桥梁，成为加强海内外文化交流的重要纽带。

▲鹤山狮艺不仅盛行于鹤山及珠三角地区，而且随着鹤山华侨的足迹走出广东、走向世界，在中国港澳、东南亚、美加等地区风行

▲上下图为鹤山狮艺架起了鹤山乃至全省与港澳同胞、海外华侨友谊的桥梁，成为加强海内外文化交流的重要纽带

▲鹤山狮艺参加 2008 年江门华人嘉年华大型巡游表演活动

▲在 2009 年春节期间举办鹤山市“百狮闹元宵”大型民俗庙会

▲鹤山狮艺参加由广东省文化厅主办的 2018 年粤港澳大湾区·泛珠三角（广东）非遗周暨佛山秋色巡游活动

▲ 2019 年 2 月 17 日组织狮艺团队参加全国乡村春晚广东片区（佛冈）——全国民间狮王大会展演活动

▲上下图为 2018、2019 年鹤山大型新春“龙狮汇”民俗汇演

▲上下图为 2018、2019 年鹤山大型新春“龙狮汇”民俗汇演

▲上下图为在 2015、2017、2019 年三届鹤山梁赞咏春文化节上的狮艺展演

▲ 2020 央视春节戏曲晚会江门分会场在五邑华侨广场进行录制，戏曲春晚的主会场设在北京，广东江门和河南洛阳同时设立分会场，其中，江门分会场通过一个个极具广东特色的戏曲节目，为全国观众献上一场精彩纷呈的戏曲盛宴，鹤山狮艺作为节目之一参加录制

▲鹤山狮艺参加 2020 央视春节戏曲晚会江门分会场在五邑华侨广场的录制

钱塘彩龙

所在区域：桃源镇

入选信息：2007年入选鹤山市第一批县级非物质文化遗产代表性项目保护名录。

“东南形胜，三吴都会，钱塘自古繁华，烟柳画桥，风帘翠幕，参差十万人家。云树绕堤沙，怒涛卷霜雪，天堑无涯。市列珠玑，户盈罗绮，竞豪奢。”这是宋代大词人柳永的《望海潮》，词作描绘了宋代杭州城（宋代名为钱塘）的繁华热闹，千载之下，读来依然让人悠然神往。如今的杭州已经是知名的国际大都市，“烟柳画桥，风帘翠幕”的宋代繁荣景象已经很难再现。然而，在遥远的南国——鹤山市桃源镇钱塘村，却还依稀可见宋代钱塘的些许风采，保留着宋代钱塘的民俗文化——钱塘彩龙。

钱塘位于钱塘江的入海口，每年中秋前后，钱塘大潮蔚为壮观，旧传每年中秋节前后，为了镇恶辟邪，确保风调雨顺、五谷丰登，当地老百姓都会举行舞龙活动。

明代后期，浙江杭州钱塘江附近村民王成庵举家迁到鹤山桃源镇，并在此安居、开枝散叶，渐渐形成了一个村落。因怀念故乡，他便以“钱塘”命名这个村落，并且一直沿用至今。王氏先祖在举家南迁之时把钱塘舞龙习俗也带到鹤山。钱塘舞的龙为纱龙，在龙骨外面以薄纱覆盖，因覆盖的薄纱五颜六色，多姿多彩，故而称为“钱塘彩龙”。

▲“穿龙肚”是钱塘彩龙的传统项目

自从王姓祖先移居以来，除非一些特殊的天气原因，舞龙活动每年都会进行，几百年来皆是如此。如今，每年中秋节前后三天，钱塘村的村民、亲戚朋友都会欢聚一堂，兴高采烈地观赏舞龙。

每年中秋，在锣鼓乐器的伴奏中，龙舞随声而起，时而翻转腾挪，时而盘旋如塔，时而游走穿梭，气势雄伟、舞姿生动。“穿龙肚”是钱塘彩龙的传统项目，相传小孩穿龙肚可以祛除百病、健康长大，读书则聪明伶俐，将来高中进士；新婚者穿龙肚能夫妻和睦、早生贵子。由于这些美好的祝福，彩龙上下翻飞起舞，人们则兴高采烈地在龙肚下穿行，整个舞龙场面的气氛热烈而活跃。

▲相传小孩“穿龙肚”可以祛除百病、健康长大，读书则聪明伶俐

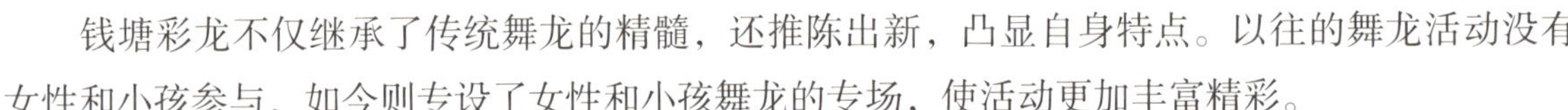

钱塘彩龙不仅继承了传统舞龙的精髓，还推陈出新，凸显自身特点。以往的舞龙活动没有女性和小孩参与，如今则专设了女性和小孩舞龙的专场，使活动更加丰富精彩。

八月十四是小孩子舞的“火水龙”，此龙由竹筒灌满煤油，然后在竹筒口塞上一块棉纱，点燃后用长长的绳子串起来组成，因当地百姓把煤油叫作“火水”，故而这种龙被称为“火水龙”。这种“火水龙”的龙头龙尾都由芭蕉茎构成，所以比较轻便，适合力气不大的孩子舞动。舞动起来火球滚动，纱龙翻飞，热闹非凡，受到孩子们的喜爱。

八月十五是男性舞的纱龙，纱龙内装上能发光的电灯泡，舞动起来色彩斑斓的“龙光”照亮村子，地上的“龙光”与天上的月光交相辉映，在这万家团聚的喜庆时刻，钱塘人通过这种方式来传达他们内心的喜悦之情。

八月十六是女性舞的彩龙，是整个钱塘彩龙的压轴大戏。女性舞的纱龙与男性舞的纱龙几乎完全一样，但是覆盖在龙骨外面的薄纱色彩更加绚烂多彩。可以说，整个钱塘舞龙活动中，八月十六日女性所舞的彩龙最是美丽非凡、绚丽多彩的。

彩龙舞每天不同的变化让人感到，彩龙不是冰冷的、高高在上的神灵，而是活在我们身边的、有感情的动物。舞龙的时候，小孩子玩得热闹高兴，男士们玩得升腾活力，女士们玩得美丽多姿。钱塘彩龙与时俱进、开放包容、深受欢迎，奠定了广泛的群众基础。

每年中秋时节，钱塘彩龙都会翩翩起舞，色彩斑斓的“龙光”照亮了整个村子，也照亮了钱塘村民心中的希望。很多远离故土的桃源镇华侨都会赶回来参加舞龙活动，不少人还会兴高采烈地加入舞龙表演活动中来。中秋节舞彩龙习俗不仅成为当地具有鲜明特色的民俗民间文化活动，而且成为联系海内外村民的精神纽带，是大家心目中故乡文化的象征。

▲钱塘彩龙

▲钱塘彩龙

传统舞蹈

竹朗金龙

所在区域：桃源镇

入选信息：2007年入选鹤山市第一批县级非物质文化遗产代表性项目保护名录。

鹤山各地都保留着传统的舞龙活动，并且很好地传承和发展了各具特色的舞龙文化。金光熠熠、热闹非凡的竹朗金龙是其中之一。

追溯竹朗村的舞龙，要先说说竹朗施姓。施姓始祖祖籍福建福州，先祖庆公在南宋末年考中进士，授职广东冈州知州。之后迁居广东，生了四个儿子，名为士政、士贵、士明、士隆。其中，士隆公先迁居顺德龙山，在当地卖麦芽糖，后来看到鹤山竹朗是块风水宝地，便在竹朗塘尾村定居下来。

顺德龙山有举行洪圣诞的习俗，施氏先祖把洪圣诞习俗也带到竹朗，并在竹朗设置四个牌坊，曰东牌坊、南牌坊、西牌坊、接龙门。清嘉庆十七年（1812年），施氏先祖把接龙门的牌坊建造地点改在龙头岗，并建造洪圣庙，当年庙宇建成入伙，举办洪圣诞打醮祭神活动。施氏族人提议，龙是吉祥物，能引竹朗风生水起，便在洪圣诞打醮活动期间舞龙助兴，从此竹朗金龙活动就延续下来。

竹朗金龙有“许十年愿，还十年福”的说法。过去，由于当地经济条件的限制，十年才办

▲舞龙活动开始时，竹朗村民集中在洪圣庙，由村长者为金龙点睛

一次打醮舞龙，祈求风调雨顺、国泰民安。改革开放之后，当地人在原来“打醮舞龙”的基础上不断创新发展，并将之改名为“竹朗金龙传统习俗活动”。现时，竹朗金龙不再局限于十年一舞，每逢重大喜庆节日都有竹朗金龙参与表演助兴。

竹朗金龙之所以称作“金龙”，是因为以往所制的龙鳞用铜片，整条龙金光灿灿，十分夺目。现时为了减轻重量，改用贴上金铂的纸。即便如此，龙身重量仍不轻，舞龙是项体力活，每个岗位不可能由一个人从开始舞到结束，必须有人轮换。因此，每次舞龙要动用100多精壮村民参加，可谓阵容庞大。

竹朗金龙不单纯是龙舞，还糅合了将军舞、鲤鱼鳌鱼舞、狮舞，具有多种元素共舞的特征。每次表演前，会先到洪圣庙接出洪圣大王菩萨，在菩萨的带领下，由鲤鱼、鳌鱼、金龙、狮子等组成的巡游队伍穿过接龙门，在各村巡游。每条村在舞龙时都设有门楼，龙要侧身而过，村民则在金龙经过时给龙灌酒，必须一饮而尽。

巡游之后来到村中央，开始龙舞表演，按照将军舞，鲤鱼、鳌鱼舞，金龙舞，狮舞的顺序表演。表演的套路包括“金龙追狮”“狮子洗龙须”“翻龙肚”“鲤鱼跳龙门”“鳌鱼游龙门”等，狮子则在旁边衬托，形成龙狮共舞的喜庆气氛。

“翻龙肚”是龙舞难度最大的花式，几十个健壮男子舞着金龙在龙门前慢慢盘绕，然后龙头沿逆时针方向慢慢伸向龙门中间昂首前进，再按顺时针方向折回（龙回头），待龙尾穿出龙门后，便以逆时针方向回卷，直至整条龙从“u”形变成“n”形，绕过龙门四条龙柱。在翻龙肚的过程中，新婚夫妇不失时机地从龙肚下穿过，祈求早生贵子、龙马精神、健康长寿。

在为期7天的习俗活动期间，白天以金龙巡游、表演为主，晚上还有很多热闹的娱乐项目，如在祠堂侧搭台唱大戏，上刀梯、磨鸡蛋、走火炭路，俨然一场乡村狂欢节，整个竹朗村成为欢乐的海洋。

除了多种元素共舞的特征外，竹朗金龙还具有多个维度互动的特征，将金龙化成神灵对群体播福祈愿的重要载体，以一定的舞蹈形式吸引观众参与活动之中，实现人与神、人与龙、人与族、人与人的和谐；另外，竹朗金龙还贯穿山、水、庙、桥、村等多个空间，形成完整的整套舞蹈，寓意更加丰富，极具地方特色。

竹朗金龙具有如此鲜明的地方特色，在民俗文化、乡村振兴和人文湾区建设上都有一定价值，在凝聚人心、建设地域文化方面发挥着不可替代的作用。

安全出

南門

竹
庙苑安居太平盛世迎佳
我是山楂妹
试我一
山楂醋
10元/3罐

▲舞龙活动开始时，竹朗村民首选表演鲤鱼、鳌鱼舞

▲竹朗村民抬着洪圣公神像出游

▲在竹朗村广场进行金龙各种套路表演，图为金龙追狮(1)

▲在竹朗村广场进行金龙各种套路表演，场面热闹非凡

▲在竹朗村广场进行金龙各种套路表演，图为金龙会狮(2)

▲ 2015 年 12 月 12 日上午，在竹朗村广场进行金龙各种套路表演，图为盘龙

▲ 2015 年 12 月 12 日上午，在竹朗村广场进行金龙各种套路表演，图为翻龙肚

▲竹朗金龙参加 2018、2019 年两届鹤山新春龙狮汇展演

传统音乐

客家山歌

客家山歌

所在区域：鹤城镇

入选信息：2017年入选鹤山市第二批县级非物质文化遗产代表性项目名录。

“自古山歌从口出”。客家山歌是中国民歌之一，被称为有《诗经》遗风的天籁之音，是客家传统文化的瑰宝。它源于客家民众的生产生活，根植于客家民众之中。

探究客家山歌，必先弄清客家民系的“源”与“流”问题。我国客家民系分布较广，体系较为复杂，虽有众多专家学者对此多方考证研究，但由于历史久远，文献记载不多，且多为转述，因此对于客家民系的源流，学术界存在多种争论。根据罗香林先生的“客家人五次大迁徙”之说，证实了客家人是由中原移民南迁，之后其音乐文化与当地融合，形成了各地略有差异的客家山歌。

据《鹤山县志》记载，鹤山客家人是在康熙年间，从粤东惠州和潮州迁入。经过了300多年的交流融合，当地语言已趋于统一，目前主要是以惠州客家话为基础，融入了广府话等特点而形成的鹤山客家话，主要分布于鹤城、云乡、双合、宅梧的白水带、龙口的四堡及共和、址山等地区。

客家人善斗歌、对歌，几百年来，在客家人聚居的地方，一直保留着用客家方言演唱客家山歌的传统，男女歌手触景生情，即兴演唱，对答如流。但由于居住分散，鹤山各地的民歌都

▲客家民众在不同的生产生活场景即兴演唱客家山歌

▲鹤山客家人把“刘三姐”奉为歌仙，每年正月十八从晚上8点开始，城西村周围16条村的客家人都会聚集到刘三姐庙，通宵达旦地唱山歌、对山歌

有不同的音调，唱法上也略有差异，如四堡山歌唱来较柔和，而鹤城山歌较粗犷。

客家山歌的歌词在语言上追求精练、通俗易懂，一般为七言体，特别常见的是七言四句式，即四句为一首，每句七字，这种像“豆腐块”式的规整句式与唐诗基本相同。每句歌词的音节通常是“四三”“二二三”“二二二一”三种格式，但无论哪种格式，最后三个字必须成一完整意思。例如：“喜气洋洋——气色新”是四三格式，“正月——采茶——是新年”是二二三格式，“三月——采茶——秋风——凉”是二二二一格式。

客家山歌与中原古代民歌中的“十五国风”和“乐府民歌”，以及唐诗中的竹枝词，在表现手法、表现形式、修辞风格上非常类似，歌风多用《诗经》中赋、比、兴等修饰手法，歌词讲究音调韵律，通常第一、第二、第四句末尾字押韵，多为平声，第三句末尾字用仄声，富于唐人绝句韵味。如“高山岭顶起庙堂，爬山跋路去装香，一人烧香两人拜，保佑两人命又长”。

鹤山的客家山歌大部分都是五声音阶徵调式，采用“起、承、转、合”四句式，从主音5开始，结束在5音上，也有时在结构短小的二句式山歌中，做“暂转调的调式交替”。客家山歌曲调音域较窄，音区较高，平稳流畅，起伏不大，有时运用四、五度的跳进处理，但一般以二、三度级进为主，使得旋律显得柔和。旋律中常通过装饰音来“润腔”，加入切分节奏，或在中结音与结尾音加上倚音作自由延长，形成“拖腔”，有人称之为“绝气”山歌。

“无事不成歌，无物不成歌”，这是对客家山歌内容多样最精准的概况。客家山歌的内涵丰富，内容涉及天文、地理、历史、人物、生活、风情和劳动生产等，包罗万象。客家山歌多是即兴而作，主要有《采茶歌》《长音山歌》《鲤鱼歌》《十字歌》《长工歌》《织麻歌》等，其中以《采茶歌》最为经典。歌词描述采茶姑娘劳动时的欢乐，对茶园的憧憬和希望，诉说地主对茶农的剥削和茶农生活的艰难。因各地方言不同唱法也有差异，茶山地区唱来较平稳、低沉，皂幕山区则高亢、欢快，这两个地区多用客家话唱；老香山区，方言较杂，曲调介于前两者之间。

说到客家山歌，必定要提及“刘三姐”，她是流传在我国南部地区的民间传说形象。因其“擅于唱歌”，在民间被视为“歌仙”。传说中的刘三姐是唐中宗年间人，最早记载刘三姐的文字是宋人王象之的《舆地纪胜》，从南宋到明朝，其修行故事仅见于方志，而到了清朝，方志和笔记都收录了刘三姐传说，并添加了唱歌情节，与此同时还有文人笔记中关于岭南歌俗和山歌歌词的介绍。清道光八年（1828年）《庆远府志》记载："刘三姐，唐代下枧河壮女，生性善歌，常引歌会友，咏叹世间炎凉，深得乡民拥戴，传为山歌始祖。"由此可见，民间把刘三姐视为客家山歌鼻祖由来已久。其实，关于刘三姐究竟为何地人，其行迹究竟如何，说法不一，也有的地方称之为"刘三妹"，但无论何种称呼，都无法颠覆其传承儒家文化和民间歌谣的文化典范作用。

鹤山客家人把"刘三姐"奉为歌仙，升入神格。据说，刘三姐在此地生活时曾教当地村民唱山歌。为了纪念刘三姐，他们在鹤城昆仑山大昆山顶建了一座刘三姐庙，立了一块歌仙石，每年正月十八从晚上八点开始，城西村周围16条村的客家人都会聚集在此，通宵达旦地唱山歌、对山歌，并供上贡品，在刘三姐庙前祈福，以求来年平平安安，五谷丰登，整个祈福仪式直至第二天早上八点才结束。这就是鹤山当地的"刘三姐烧炮会"习俗。下面这首《唱烧炮》颇能反映鹤山客家山歌的味道。

唱烧炮

三姐烧炮传至今，自古以来浅塘兴。山前村上建神庙，逢年过节拜仙人。
三姐烧炮响砰砰，正月十九够旺盛。烟花炮竹满天星，人山人海身碰身。
烧炮发源龙眠堡，规模扩大两乡镇。锣鼓连天狮子到，着红戴绿客探亲。
以前烧炮求保佑，今日烧炮人助兴。国富民强家旺相，食饱饮醉拜大神。
烧炮以为神显灵，家园建设样样新。乡村洋楼座座起，条条硬路数不清。
三堡坑中石如下，昆仑有矿铁成金。烧炮叫你走去看，阿哥阿妹行一程。
马耳山啊环境美，食完茶饭去洗身。绿树成荫山风起，行行走走散散心。
广西歌手广东神，千年神话梦成真。烧炮响起神助力，三姐容颜靓又清。

“歌随人走”，千百年来，客家山歌在鹤山客家地区口传心授，广泛传承，经历了中原移民文化和土著文化交流融合的历程，形成了鹤山本地的客家山歌文化，但同时也保存了《诗经》遗韵、国风体格，保存着中原文化的精华，是中国民歌的典范。

传统体育、游艺与杂技

咏春拳

址山龙湾龙舟

咏春拳

所在区域：古劳镇、沙坪街道

入选信息：2007年入选鹤山市第一批县级非物质文化遗产代表性项目保护名录，同年先后入选江门市第一批非物质文化遗产代表性项目保护名录、广东省第二批非物质文化遗产代表性项目保护名录。

咏春拳，中国武术门派中最著名的一支，原因在于其门内传奇人物众多、许多故事经影视作品渲染在海内外广泛传播。提起咏春拳，人们常常会想起一代武打巨星李小龙和他的师父叶问，他们习武的故事在现代影视作品的渲染下，让人们热血澎湃、正义满满。但还有一位咏春宗师，虽然在大众眼中没有前两位的名气大，在咏春拳的传播中却是最重要的一位，他就是人称“咏春拳王”的梁赞。

梁赞（1826—1901年），原名梁德荣，鹤山古劳人，一生钟情武学，尽得咏春拳奥秘，在佛山开宗立派，世人誉为“咏春拳王”“佛山赞先生”。晚年回到鹤山古劳，将自己毕生武艺浓缩成精华，创立鹤山偏身咏春拳，精简提炼成十二路散手拳法，即大念头、小念头、标锤、三箭锤、栏桥、双龙、蝶掌、寻桥、鹤膀、短桥、标指、伏虎。此拳术体现止戈为武、谦恭平和的武德，展现刚柔相融、自强不息、持之以恒的精神，成为历代鹤山人宝贵的精神财富，古劳因此成为“咏春圣地”。

▲咏春拳在鹤山群众基础非常深厚，在鹤山古劳随处都看到村民练习咏春拳

在古劳，几乎家家户户都懂咏春、习咏春，两年一届的“咏春擂”便是很好的见证。每逢开擂，古劳人会早早来到擂台旁，抢占有利位置等候观看。擂台上，守擂者捍卫荣誉、攻擂者势在必得；擂台下，小朋友嬉戏模仿、成年人结群畅谈，加油声、喝彩声此起彼伏。

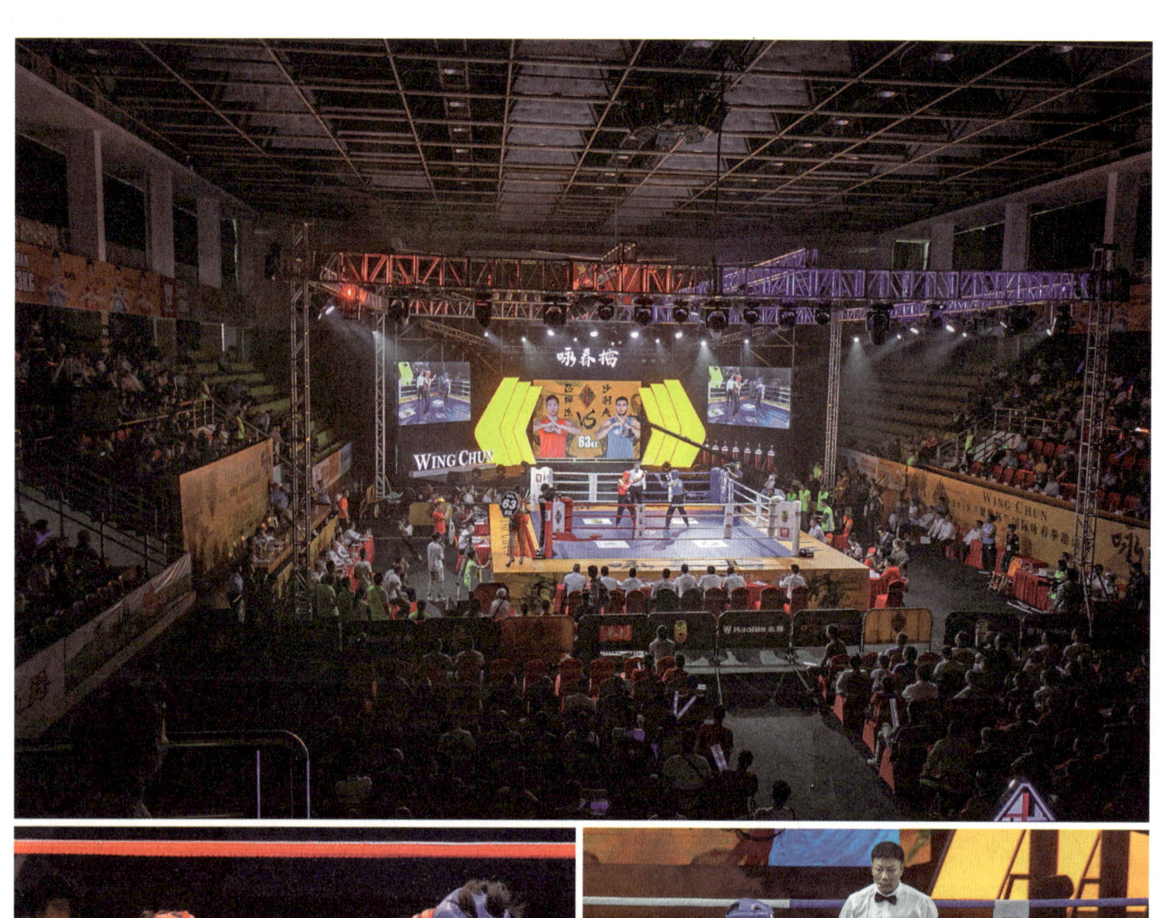

▲ 2017、2019 年连续举办两届“咏春擂”国际咏春拳邀请赛

鹤山偏身咏春拳与正身咏春拳同出一源，但也有显著区别，它更加简单易学、实用性强。鹤山偏身咏春拳精简十二路拳法，其拳法灵活多变、借力打力、以弱胜强，讲究制胜对手，可塑性极强。

另外，偏身的目的就是缩小被打击面、消卸攻击、牵制对方、打击对方。拳术讲究忽左忽右地不断偏斜身躯，例如，你正身面对对手时，若对手攻击你的胸部，只要你挡不开对方的拳，或躲闪不及，就很容易被对方击中，但假如你发觉对方打你的胸部时，略施马步，把身形轻快迅速地转为偏身，对方便打不着你；在打拳过程中，整个人像一个灵活转动的轴承，你打左时他偏左，你打右时他偏右，纵使不出手招架，也打不着。

好拳不分门派，传承各有千秋。咏春拳传承至今已有了六代传承人，有的在业余时间开设公益性武馆，有的则在海外传播。“一胆、二练、三功夫，千锤百炼最重要”是第三代传承

▲咏春拳第三代传承人：冯朝振（已故）

▲咏春拳第四代传承人：冯炎良（已故）

▲咏春拳第五代传承人：冯家辉

▲咏春拳第五代传承人：侯德贤

▲咏春拳第五代传承人：秦卫杰

▲鹤山市近年咏春拳发展迅猛

人冯朝振的徒弟侯德贤对咏春拳的理解。热衷于公益的他将自家房子改成武馆，17年间收徒无数，从未收过一分钱学费。侯德贤将偏身咏春拳与搏击相结合，改进了小念头、标锤等动作，做到“一出手，三把拳”，让咏春拳更有时代感和实用性。咏春拳第五代传承人冯家辉，12岁随父习武，将咏春拳的传承理解为思想传承与文化传承两个部分，现虽长期居住海外，但一直致力于咏春拳在海外的传播，曾随他习拳的很多海外人士专程前来古劳“追踪溯源”，深入学习咏春拳。

不同的传承人对咏春拳的理解难免有差异，但对咏春拳精髓的理解基本相同：

阴阳手。讲究出手即阴阳手（两只手阴阳相对，即右手手心向上，则左手手心向下；右手手心向左，则左手手心向右；右手手心向外，则左手心向内），不断变化交换，协调灵动，也极具太极意识。以柔制刚，刚柔并济，连消带打，借力打力，巧力取胜。

黐手。即两个人的手搭在一起，不管一方的手怎样出没变化，另一个人的手都要凭感觉紧紧跟随它，牵制它，这样你攻我防、你退我进地不断练习，能增强手的神经反应和灵敏度，练到一定境界，就算蒙上眼睛，手一碰上，对方就难以脱开，实战时，只要一交上手，就能凭手感很有效地牵制、打击对手。

木人桩。在没有人一起做练习的时候，就利用木人桩做对手，练习身手和力气。木人桩的好处是可以毫不顾忌地打，但缺点是不够灵活，不及真人灵活多变。

▲咏春师傅在演示木人桩的套路

进入21世纪，传统文化作为地方精神的引领价值不断凸显，鹤山市委、市政府对鹤山咏春文化发展进行了深入调研与系统布局，引导其不断发展壮大，使其得到了较好的传承和发展。现时，我市已成为广东省咏春拳推广示范基地。咏春进学校工作已连续开展十多年，把鹤山咏春拳的武德和创新精神融入未成年人思想道德建设，将咏春拳在保留特色的基础上，改编成“咏春操”，在全市中小学推广。目前，全市共有61所中小学将“咏春操”纳入课程体系中，有12所学校成为江门市侨乡武术特色学校，40所学校成为鹤山市咏春进校园“定点学校”，习练人数多达9万人。

▲ 2019 年成功举办了“鹤山市万名中小学生咏春拳汇演暨国家武术段位考评”活动

▲在 2008 年江门华人嘉年华活动上，咏春拳是重点表演项目

同时，鹤山市武术运动管理中心推动咏春拳段位制普及工作，建立一套具有鹤山特色的武术（咏春拳）段位制考评体系，编印了5000册《广东南拳段位制考评系列教程（咏春拳）》，该教程同时也是广东省武术进校园普及推广本标准教材。2019年成功举办了“鹤山市万名中小学生咏春拳汇演暨国家武术段位考评”活动。中国武术协会副主席、广东省武术协会主席田新德表示：“鹤山市万名中小学生咏春拳汇演暨国家武术段位考评活动是一次成功的创举，这种模式的创新为广东省武术文化进校园带了一个好头。”

除此之外，政府还全力推进咏春拳进机关、进企业活动，鼓励拳馆在开放式场所公开教学，也收到非常显著的社会效益。目前鹤山市正式备案的拳馆多达20余间，他们积极参与对外交流，在各类比赛中取得令人瞩目的成果，扩大了鹤山咏春拳在国内外的品牌影响力。

2015年、2017年、2019年连续举办三届“梁赞咏春文化节”，推出大型山水实景音舞诗剧《咏春》、“咏春擂”赛事等项目；通过活动举办，还促进了一批文旅项目建设，促成商业资本进入并主导古劳水乡的整体开发，进一步打响“鹤山梁赞，世界咏春”文化品牌。

鹤山咏春拳，乃勤奋进取的鹤山人民力与魂的象征。

▲近年，鹤山加大对咏春拳的宣传力度，吸引了很多外国朋友前来学习

▲在 2008 年举办的鹤山首届元宵民俗庙会上展示了咏春拳的风采

◀▲在 2015 年、2017 年、2019 年三届“梁赞咏春文化节”上向世界展示了咏春拳的魅力

▲ 2017 年举办第二届鹤山梁赞咏春文化节

▲ 2019 年举办第三届鹤山梁赞咏春文化节

▲ 2017、2019 年连续两年举办“咏春擂”国际邀请赛

▲ 2017、2019 年连续两年举办“咏春擂”国际邀请赛

▲咏春拳参加 2020 央视春节戏曲晚会江门分会场在五邑华侨广场的录制

址山龙湾龙舟

所在区域：址山镇

入选信息：2007年入选鹤山市第一批县级非物质文化遗产代表性项目保护名录，2020年入选江门市第八批市级非物质文化遗产代表性项目名录。

▲址山昆中龙湾存放老龙船的龙船埠

▲美丽的龙湾村

在址山镇龙湾村，相传有一条“过山龙舟”，龙舟因“穿过”群山而得名。据说，清光绪二十一年（1895年），旅居中国港澳地区、南洋等地的龙湾一带华侨捐资建造了龙湾的第一艘坤甸木龙舟。建成后的某一年端午节，这艘龙舟受邀到新会司前镇参加赛事，在龙舟竞渡中夺得“龙标”。在凯旋之际，却受当地无赖之徒纠缠，强求再次竞渡。为避免发生矛盾，龙舟扒丁们（指扒龙舟的人）决意弃走水路而扛着龙舟翻过重山，绕出是非之地，直奔龙湾，故得名“过山龙舟”。

自此，“过山龙舟”在当地小有名气，形成了扒龙舟的传统活动。“过山龙舟”成为当地人至今的荣耀，扒龙舟成为村中每年端午节最为隆重的活动。可惜，在1913年夏由于山洪暴发，“过山龙舟”被冲失。山洪冲走了龙舟，但村民的龙舟心结与期盼并没有被冲掉。1930年初，上边坊邓进洋和西迎村邓亚稳积极主办筹造第二艘坤甸龙舟，得到旅居美国、加拿大、新加坡等宗亲的鼎力支持。在当年8月，能容70个龙舟扒手的长达33.8米的第二艘龙舟顺利下水，龙湾龙舟又活跃在龙湾河上。改革开放后，村里继续发动群众和海外乡亲捐助，于1990年、2007年和2013年先后制作了2艘柚木龙舟和1艘杉木龙舟。根据村中习例，新制作的龙舟一定要比上一艘长，中间最宽处统一为1.18米。后面三艘龙舟长分别为38米、38.98米和39.8米，能载50~80位龙舟扒手。

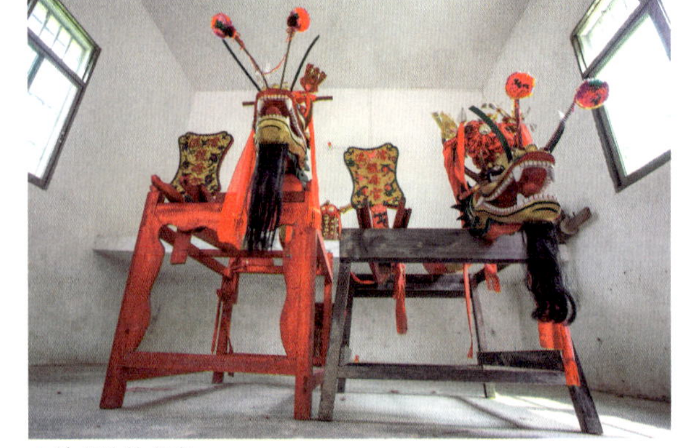

▲放龙头的龙庙

▲每年端午节期间，址山龙湾举行龙舟竞渡的热闹场面

址山镇与周边的开平水口镇、新会司前镇同属潭江水系流域，域内水网交横纵错，江河密布，都有端午扒龙舟的习俗，人们认为“扒过龙舟就会兴旺一年”，深信扒龙舟、洗龙舟水就会风调雨顺，福禄寿齐全。当地约定每年农历四月上旬至端午节为龙舟节，各村的龙舟频频交流，形成惯例，其中的“龙舟友谊互访赛”（俗称“赛龙舟”)成为龙舟节的高潮部分。龙舟友谊互访赛从农历五月初二至初六止，一连五天；其中初二为龙湾接访友谊赛日，初三为开平月山、高阳、月明、龙冲龙舟互访友谊赛日，初五或初六为开平水口地区龙舟互访友谊赛（汇赛）日。

赛龙舟日，各条龙舟在起点处排列整齐，龙舟“扒丁”们光着膀子，额头绑着红丝带，握紧舟桨，鼓劲待发。当

喬林
喬林

▲ 2016 年 6 月 6 日，址山昆中龙湾举行龙舟友谊赛，龙会工作人员在赛道上挂上彩牌

▲ 2016 年 6 月 6 日，址山昆中龙湾举行龙舟友谊赛，参赛龙舟奋勇拼搏

发令枪一响，各条龙舟立刻锣鼓齐鸣，冲出起点，奔向目标。伴随着铿锵有力的击鼓声，扒丁们数十支桨一上一下地飞动，动作划一，桨声齐鸣，水花飞溅，龙舟如离弦之箭，又如蛟龙翻浪；“蛟龙”飞过，两岸观众高声呐喊“123——出力、123——出力、123——出力”，鞭炮齐鸣。此时爆竹声、锣鼓声、呐喊声汇成一片雄壮的歌曲，竞渡场面异常激烈。在密集的鼓点指挥下，在岸上观众的助威声中，率先冲刺的龙舟摘牌夺标，扒丁以桨击水齐声庆贺；岸上岸下“龙湾——龙湾——龙湾”的庆功祝贺声此起彼伏，经久不息，整个场面如同一幅娱乐升平、力争上游、和谐共进的画卷。

走进龙湾村，翻开《龙湾今昔》，上面清晰记载着龙湾龙舟的“威水史”（意为“了不起的历史”），1945年庆祝抗日战争胜利竞渡活动获得季军，1999年获得开平市“99招商杯”冠军，2011年获水口镇汇赛坤甸龙舟、杉木龙舟双冠军，2011年至2013年连续三年获水口镇汇赛第一名，2016年于龙湾、月山赛区中九连胜捧得“新龙杯”冠军，2019年参加广东省第四届传统龙舟比赛获得亚军。当地观众间流传一句趣话：“凡举行龙舟竞渡，少了龙湾龙舟比赛就唔精彩（不精彩）。少了龙湾龙舟参赛，比赛就冇嘢睇（没有看头）。”

今天，龙湾人乘着新时代的东风，以“奋勇争先、勇夺第一”的龙舟精神，以“光着膀子”的力量与干劲，投入家乡新一轮文化与经济建设中，助力全国重点镇址山镇的美丽乡村建设。

传统技艺

东古牌系列酱料制作技术
鹤城腐竹
客家黄酒
鹤山狮头制作技艺
黄洞米点
古劳鱼皮角
靖村竹编技艺
鹤城花生加工技艺
紫丹苏陶制作技艺
鹤山红茶
龙口牛肉
源广和盒仔茶（甘和茶）

东古牌系列酱料制作技术

所在区域：古劳镇

入选信息：2007年入选鹤山市第一批县级非物质文化遗产代表性项目保护名录，2009年入选江门市第二批非物质文化遗产代表性项目保护名录，2012年入选广东省第四批非物质文化遗产代表性项目保护名录。

在鹤山，有一种风味已经流传百年，那便是咸甜鲜香的古劳面豉。提起面豉，鹤山人总会讲起“面豉酱蒸五花肉”这道菜：普普通通的五花肉，用古劳面豉稍加腌制，然后放在米饭上一同蒸熟即可上桌。这道菜不需要大费周章的烹饪技巧，也不是只有节庆时日方能品尝的佳肴，故因其简单便捷而广受喜爱。一提起这道菜，往往是说者讲得滔滔不绝，听者听得津津有味，共同回忆那份鲜美，人与人的距离就此拉近。

可以说，传承百年而风味不变的面豉不仅是一种调味品，更承载了一代代鹤山人对家乡的记忆。鹤山人以实际行动表达了自己对这份记忆的珍视——当地人口51万，但以古劳面豉及酱油为代表的东古系列酱料，在鹤山一地的年销售量就达到了2700万元！东古系列酱料，的确是当之无愧的“鹤山味道”！

酱料所代表的家乡味道，还连接起故乡与游子的心。鹤山出生的篮球运动员易建联，曾在曼哈顿的超市里遇到同乡球迷。当时，球迷拿出一罐古劳面豉，请易建联在上面签名，易建联欣然应允。小小的酱料，成为这场他乡遇故人的见证。

古劳的酱料制作历史可以追溯到清代，当时民间已有人酿制面豉。除了本地优质豆类，温暖湿润的气候以及良好的水源也为酱料制作提供了有利条件。古劳镇周边土地肥沃，豆类品质高，鱼塘河流密布，水质清冽。现在东古酱料制作所选用的仙鹤湖景区泉水，水质偏酸性，适宜菌类发酵，更能酝酿出独特风味。

清道光三十年（1850年），杨氏商人在古劳创办调珍酱园，经营面豉、酱油与少量食醋。调珍酱园采用天然晒制技术，制作的面豉与酱油风味独特，畅销珠三角地区。中华人民共和国成立后，调珍酱园经过公私合营、股份改制，成为现在的鹤山市东古调味食品有限公司，继续生产东古系列酱料。

▲高鹤县古劳调珍酱料厂时代的购销部外景

传统技艺

▲高鹤县古劳调珍酱料厂时代的购销部门面

▲东古系列酱料获得百年老字号称号

▲鹤山市东古调味食品有限公司全景

▲鹤山市东古调味食品有限公司正面

▲酱油自动高速生产线

▲鹤山市东古调味食品有限公司产品展示

百年时光可以改变许多东西，但东古系列酱料的味道依然是记忆中的味道，这得益于酱料制作始终沿用传统的天然晒制工艺。以古劳面豉所用器皿为例，从发酵缸、晒盆到存储缸，都严格选用陶瓷制品。

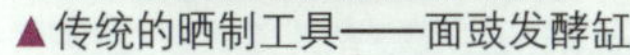
▲传统的晒制工具——面豉发酵缸

▲传统的晒制工具——食醋缸

现在制作面豉与酱油，均选用东北出产的上好黄豆，用本地仙鹤湖风景区内的清澈山泉水进行清洗蒸煮，降温后再拌入面粉进行发酵制曲。发酵48小时以后，制成的曲璜被投放到陶缸里，加一定浓度的盐水在太阳底下晒制。晒制过程中，需要人工定期进行翻醪，确保酱醪受到阳光充分的照射。

经过90~120天的晒制后，酱油即可收成，但面豉还要转移到晒盆进行露晒。面豉晒制过程中，仍然需要人工定期翻醪，并且在阴雨天气加盖竹篾编成的盖子。露晒过程需时至少两个月，当面豉全部晒成黄褐色，晒制过程才算完成。面豉制作过程保留了完整的传统制作方法，与之配合的传统制作用具也没有改变，这在传统技艺的传承中实属难能可贵。

▲原高鹤县酱油厂传统工艺——酱料原料预处理

▲高鹤县酱油厂的原料晒制

▲高鹤县酱油厂时代的制曲房

▲高鹤县酱油厂时代的传统工艺——曲璜制作

▲黄豆清洗

▲传统制作工艺——入缸发酵

▲传统制作工艺——暂存干燥

▲传统制作工艺——面豉发酵晒制

▲传统制作工艺——面豉发酵晒制

▲传统制作工艺——酱油入缸

▲传统制作工艺——酱油发酵晒制

保留传统并不意味着一成不变。为了适应市场发展，东古公司在不改变传统工艺的基础上，以晒池代替陶缸晒制酱油，但面豉仍保持生产工具百年不变。传统与现代技术的结合，在传承技艺的过程中，也赋予了东古系列酱料更强大的生命力。

▲巨型的酱料贮罐群

▲酱油发酵晒制池

现在的餐桌上，已经很少见到面豉酱拌饭这类饭食，但东古酱料的鲜美，依然留在人们心里。酱料虽看似不起眼，却是很多人无可替代的生活必备品。它作为我们许多优秀传统文化的组成部分，在默默地延续着，共同构建起我们身份认同的精神家园。

▲东古面豉晒制场

▲面豉晒场

▲东古公司酱油全自动高速生产线

▲东古牌系列酱料

鹤城腐竹

所在区域：鹤城镇

入选信息：2007年入选鹤山市第一批县级非物质文化遗产代表性项目保护名录。

鹤山是客家迁徙聚集地之一，数百年来客家人在广袤的山野扎根繁衍，留下许多宝贵的生活智慧，老少咸宜的鹤城腐竹就是其中之一。它在鹤山已有一两百年的制作历史，是一种非常受欢迎的客家传统食品，也曾是当地客家人谋生的依靠。

黄豆用途多样，营养价值高，由它制作的各色菜肴常常是人们餐桌上必不可少的美味。而腐竹，集合了黄豆的精华，经过层层工序，凝结成鹤城客家人的一种独特情结。

制作腐竹，第一道工序是选豆。过去选用的黄豆是鹤城客家人自己种的，要无霉变、无虫蛀、无杂质、无污染、无鼠咬，陈年大豆坚决不用。随着本地腐竹生产规模不断扩大，如今本地自产的黄豆已经不够用了，便从东北、安徽、湖北等地购入黄豆。只有经验丰富的老师傅才知道，大豆品种不同，磨出豆浆的颜色与口感也就略有差别。安徽豆、湖北豆所磨制的豆浆颜色较白，东北豆所磨制的豆浆色泽较黄。

鹤城腐竹制作技艺与别处客家腐竹制作最大的区别是第二步——脱壳。当地老师傅都认为，用脱去壳的黄豆制成的腐竹，其品质更纯净、口感更柔软，经得起多种烹饪加工的考验。

▲传统的晒制腐竹要经过多道工序制作而成

选好的豆子要浸泡3~4个小时，具体时间要根据气温而定。广东气候炎热，夏季泡黄豆一般在3个小时以内，冬天可以泡4个小时。气温高易使水温过高，容易使豆子变酸，最佳泡豆温度是15~20℃。因此，生产鹤城腐竹总要赶着一天中最清凉的时刻，天没有亮时就要开始泡豆子。豆子泡足了，吸饱了水，膨胀起来，比原来大了许多。接着进行搅拌，让混在豆子里的豆衣、杂质、泡沫等浮出，再滤去。最后清洗干净豆子。这时的黄豆易被掰成两半，豆内断开处基本呈平面，略有塌坑，手指掐之易断，断面已浸透无硬心。

再将浸泡好的黄豆用石磨磨成豆浆。磨制豆浆有3道工序：磨浆，滤浆，煮浆。磨浆能最大限度地将浸泡过的大豆中的蛋白质提炼出来。如果磨得过粗，蛋白质在水中的溶解度太低，影响豆浆产量；磨得过细，大豆中的纤维会随着蛋白质进入豆糊中，造成滤布堵塞，影响滤浆效果，还会使豆制品品质粗糙，色泽灰暗。磨浆时，1斤黄豆加10斤水即可。石磨顺时针磨碎，逆时针出浆，流出白花花、奶黄黄的豆糊，看起来柔柔绵绵，很像打发的鸡蛋清。

接着就是滤浆，将磨浆后的豆糊进行过滤。传统过滤使用纱布，两人用手拉着纱布，装上豆糊轻轻摇晃，滤出的豆浆落入下面的盆中。在现代化的腐竹生产工厂中，则是用浆渣分离机进行过滤。豆渣收集起来晒干，一般用作饲料。

然后要煮沸豆浆。煮浆可使豆浆中的蛋白质发生变化，提高大豆蛋白的营养价值，同时也可消除豆腥味，杀灭细菌，延长保质期。传统工艺制作鹤城腐竹，并不需要任何添加剂。煮浆时，将炉温控制在95℃以上，保持3分钟前后。豆浆刚开始煮沸时为整体性豆浆翻动，此时为假沸，须再煮两三分钟；当锅内有豆浆单独溅起来，且沸腾得相当厉害时即可。这时，豆腥味消失，闻到浓浓的豆香，豆浆就煮好了。

过去，是用炉火煮豆浆，要结成富有弹性的豆皮，一定要把握好火候、控制好温度，这十分考验师傅的技术。柴火多而火太旺，这样做出的腐竹就容易有一种烧焦的味道；火太小则会影响豆浆快速凝成薄膜。

如今，鹤城各家腐竹生产企业改用天然气煮豆浆，不仅无污染，而且更有利于腐竹制作。在封闭式的生产车间里，蒸煮豆浆全部在设计好的生产线上完成。通过蒸汽恒温加热、持续蒸煮，确保豆浆的品质稳定可靠。所以，每当有人质疑现代化机械生产的腐竹无法与传统手工艺生产的腐竹口味相比的时候，有经验的师傅其实并不担心这个问题，他们相信，技术的进步更有利于传统美食的生产和发展。

蒸煮几分钟后，豆浆表面会浮起一层薄薄的油质薄膜，进而平整光滑的豆浆表面慢慢地结起一些褶皱，依然是豆浆那嫩黄的颜色，这就是精华凝结而成的豆皮。豆浆煮的时间越久，就越浓稠，煮出来的豆皮就越厚，口感味更扎实，豆香味更足。此时，需要徒手或用长竹签将约60℃高温的薄膜捞起，然后从中间捏起，拢成一束，再一条条挂在锅上方的横架上。这个过程称为揭皮，几分钟就要揭一次，一直持续数个小时，直至剩下最后一点热乎乎、带着豆渣的浆汁。无论是传统做法还是现代工艺，这个环节都依赖人工，这也是制作腐竹最辛苦、最需要耐性的步骤。工人师傅要一直守在锅炉前，揭皮要完整，不能破碎，以免影响腐竹的卖相，等的时间也不能太长，否则豆皮煮得太厚，影响口感。完成所有工序，要耗费十几个小时。在这个过程中，工人师傅们不能休息，要紧密地一道接一道完成工序。

传统工艺，是把腐竹一条一条直接横腰挂在竹竿上，然后把竹竿拿到院子里去晾晒。过去

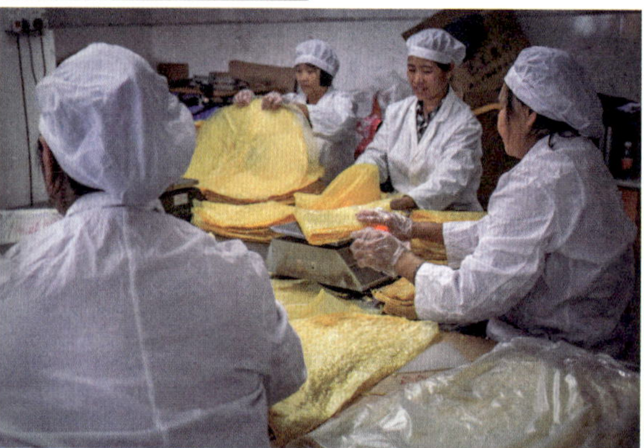

客家人只在晴天的时候制作腐竹，要抓紧时间让新鲜挂起的腐竹可以长时间接受阳光的照射。晾干的时候，要把腐竹挂放均匀，不可以太长也不可以太厚。经过充分的晾晒以后，腐竹就会变硬，颜色也成了中黄。而引入现代工艺之后，则是将挂起来的腐竹直接送入烘箱去烘干，就没有了天气的限制，所需场地也大大缩小。

腐竹既可以做主菜，也可以做配菜。数百年来，鹤城腐竹一直陪伴着这里的客家人。在很多人的记忆里，过去农忙的时候，家家户户一定要煮腐竹糖水，带到田间地头分享美味、补充体力。鹤山客家人在逢年过节或是喜庆的酒席上，一定会隆重奉上一道用腐竹做的主菜——炸腐竹焖粉丝生菜，取其“富足、生财”的吉利谐音。大年初一，人们要吃斋，用腐竹拜完天地和神灵之后，将其作为第一道菜与全家人分享。

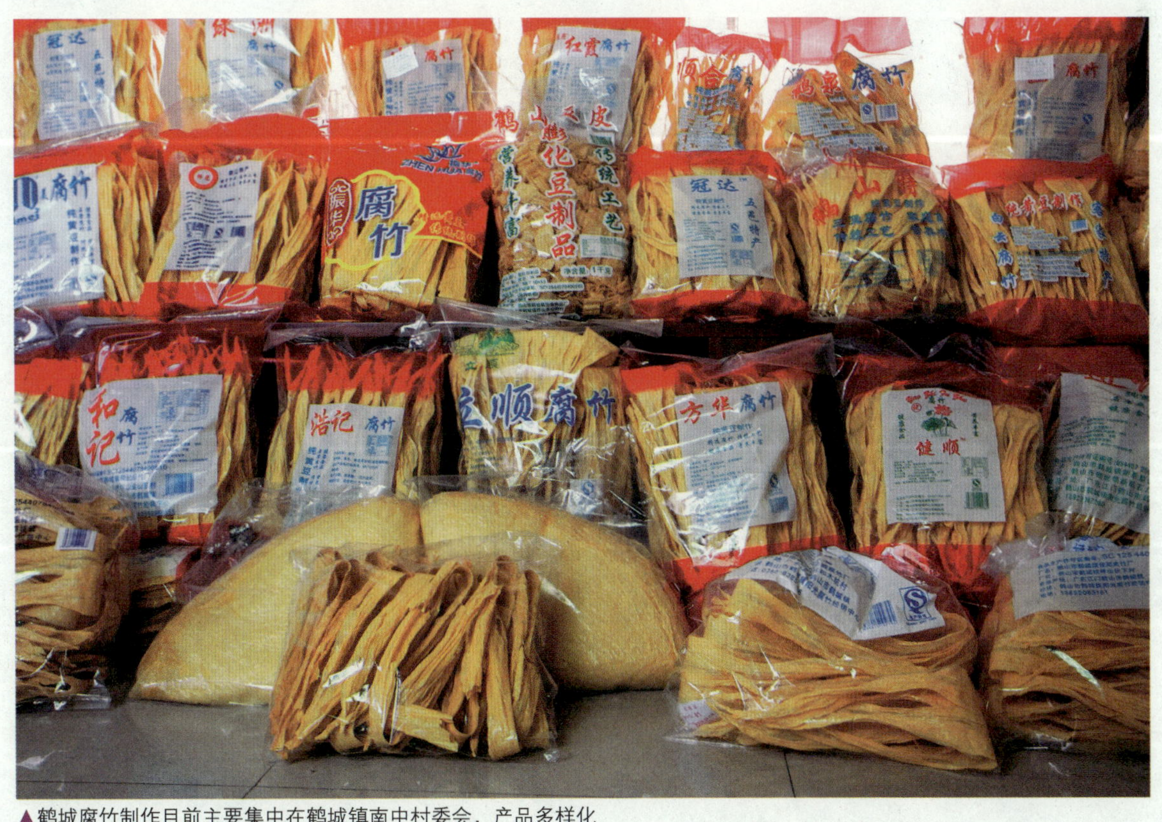

▲鹤城腐竹制作目前主要集中在鹤城镇南中村委会，产品多样化

▲鹤城腐竹用料优质，其制作过程绝不添加其他原料，故而色泽黄白，油光透亮，用其制作的菜式口感鲜美

客家黄酒

所在区域：鹤城镇

入选信息：2007年入选鹤山市第一批县级非物质文化遗产代表性项目保护名录。

酒文化，在中华民族发展史中源远流长；酒，在客家人心中占有极高的地位。鹤山的客家人，几乎家家户户都会自己酿造黄酒，而黄酒的酿制一般由家里的女主人来主持。数百年来，客家人喝酒一直是自给自足，并且将酿制黄酒的技艺以“言传身教”的家传方式一代代传承下来。

客家人的生活离不开黄酒。客家黄酒可去除一些食材原料中的腥味、杂味，并起到增香、增味的作用。客家人炒菜、蒸鱼、炖肉，都爱添上一点黄酒，因而客家美食具有独特的风味。此外，黄酒一年四季可用于佐餐，适当饮用能够提神、开胃、助消化。

黄酒还具有很好的滋补作用。每当客家媳妇生小孩、坐月子的时候，一定要吃“鸡酒”（黄酒炒鸡俗称鸡酒）。而这道滋补菜所用的黄酒和鸡全部是婆家提前一年准备的。当客家媳妇刚刚怀孕的时候，婆婆就要开始养鸡，并在家中酿制黄酒。客家黄酒酿出醇香至少要6个月，最好的口味要酿制1年前后。

▲传统制作客家黄酒首先经过挑选糯米、清洗糯米、蒸煮糯米等工序

▲然后要经过、撒曲入缸、封缸灭菌等多道工序完成

酿制一次黄酒需要大量的糯米，一般100斤糯米可以酿出约25斤黄酒。如果依据风俗，客家产妇每天都需要进食黄酒制作的食品（如“鸡酒”），坐月子至少需要30斤黄酒。如果想要全家全年都有黄酒喝，女主人还要酿制更多的黄酒，处理更多的糯米，这非常考验她们酿酒的技术。

客家黄酒的制作程序看起来并不复杂，但讲究细致。客家老话说：“酿酒做豆腐，无人敢称老师傅。”即便做了几十年黄酒的酿酒师傅也不敢大意。

第一步，挑选糯米。要选择上好的糯米，要没有杂质，颗粒饱满。一般选用白糯米，也可以选用黑糯米。

第二步，清洗糯米。传统的客家人喜用山泉水来淘洗糯米，并用山泉水来制作黄酒。鹤山山多泉茂，山清泉净，想必是客家人喜欢留在这里的原因之一吧！

第三步，浸泡糯米。鹤山的客家人很注重浸泡糯米，一般将洗净的糯米用清水泡一个半钟头。不能泡太长时间，不然煮米时容易煮得过烂。

第四步，蒸煮糯米。与平时煮饭不同，一定要先将水煮开再加入糯米煮。煮糯米的水不用太多，水面刚刚高出米面即可。因为经过浸泡，糯米已经吸饱了水分。有的家庭喜欢用泡米水煮，认为更有营养；有的家庭喜欢用清水煮，感觉更好掌握。过去，要生柴火煮糯米，火候不稳定，用泡米水煮，经验不足容易煮焦。有的家庭会用筷子或锅铲柄将糯米插出一些小洞，使糯米受热更加均匀。等糯米煮开后，就要熄火，继续盖上锅盖，焖一段时间。随后煮好的糯米要在竹筛上平摊放凉。

第五步，撒曲入缸。当糯米凉下来，就要一点点地加入磨碎的酒饼和上色的酒曲，轻轻慢慢地搅拌均匀，再一层一层得铺入酒缸中。整个过程不能再加入一滴水，否则在广东炎热的气候下，容易引起变质，酿出的黄酒又酸又苦。所有的酒水都出自发酵的糯米之中，因此鹤山客家黄酒的味道更为浓醇。

第六步，封缸灭菌。酒缸口和酒缸盖之间要垫上几层纱布，再用胶带绑紧酒缸盖，将酒缸密封起来。以前传统制作黄酒，并没有杀菌的要求，但是鹤山的客家人用谷壳包裹住整个酒缸，放

▲将煮好的糯米放在竹筛上平摊放凉

▲当糯米凉下来，就要一点点地加入磨碎的酒饼和上色的酒曲，轻轻慢慢地搅拌均匀

▲将搅拌均匀的糯米一层一层地铺入酒缸中

▲酒缸口和酒缸盖之间要垫上几层纱布，再用胶带绑紧酒缸盖，将酒缸密封起来

在砖砌的围炉里点火烧。这种火是暗火，比烧炭的火小很多，这样温和的加热可以起到杀菌的效果，又不致使酒缸爆裂。这个过程叫作“煨酒”，客家人常说“懒人做不了客家黄酒”。

第七步，储藏发酵。处理好的酒缸，储存在阴凉的砖瓦房里，经过 6 个月至 1 年后，糯米充分发酵，黄酒就酿成了。打开盖子，远远就能闻到浓郁的香甜气味，院子、房间都弥漫着诱人的味道。上等的黄酒呈微微透亮的浅棕黄色，一定要带一点点零星的沉淀，并具有葡萄酒那样的层次感，晕染着齿边、舌根，清爽甘醇。

客家人，祖祖辈辈都是这样。婆家照料产妇和新生儿，尤其是婆婆一定要亲手酿制黄酒、喂养土鸡，不然会被其他街坊邻居看作没有善待媳妇。因此，客家人一代传一代，都会尽心尽力地照顾媳妇坐月子。这也是客家的传统民俗很令人羡慕的地方。如果有的家庭婆婆不在了，将由公公兄弟家的女人，或者是丈夫兄弟的妻子代为照料。受祖辈传统的影响，客家女人都自然而然地接受，并且非常愿意主动担起这样的责任，照顾家族中的产妇。

客家人相信黄酒能够很快地帮助产妇恢复身体，而鸡酒能够帮助产妇有更好的母乳。在客家人的习俗里，产妇一般都是吃鸡酒来进补。鸡酒香甜嫩滑，美味可口，具有暖身、驱寒、祛风、补血的功效。将鸡洗净斩块，烧锅热油（鸡肉含有脂肪，油不要多放），爆香姜丝，放入鸡肉翻炒，再加适量盐，也可以加入去核红枣一起炒。炒到没有血水，再倒入一碗清水，用中火煮到快收干汁时，加入三汤勺黄酒炒匀，这道非常传统的客家菜就做好了。鸡肉渗入了甜醇的黄酒，吃起来有甜酒的味道。

“嫂子做月食三碗，劲头过足多奶浆。养个阿伢肥又大，三朝过后晓喊娘。”可以说客家人都是喝着黄酒长大的，一出生就闻着母亲月子里吃的鸡酒的味道。客家黄酒自然地深植于

▲客家传统美食：黄酒煮鸡

一代又一代客家人的血脉中。按照传统习俗，等小孩满月后，亲戚邻居前去送礼探望，作为回礼，主人家会在家里请每位客人吃一碗鸡酒。渐渐地，变成主人家挑着担子沿着村子派鸡酒，挨家挨户送去自己的喜悦。再后来又演变成主人家准备一碗碗的鸡酒，给客人们带回家品尝。

鹤山客家人的黄酒，保留着属于客家人的浓郁香气，也拥有着家家户户各自独特的家常味道。

▲包装精美的客家黄酒

鹤山狮头制作技艺

所在区域：沙坪街道、共和镇
入选信息：2017年入选鹤山市第二批县级非物质文化遗产代表性项目名录。

舞狮是我国传统文化艺术，历史悠久，深受全国人民的喜爱。每逢节日或喜事，以舞狮助庆，有驱邪避害、吉祥喜庆之意。

舞狮有南狮北狮之分，南狮又以广东醒狮为代表。其中，鹤山狮艺历史悠久，与广东佛山醒狮并称为南狮的两大派别（参见《狮艺》一节）。

舞狮表演出神入化，精湛工艺制成的狮头为表演增色不少。鹤山狮头制作技艺融合戏剧、绘画、装饰等多种艺术元素，相传是鹤山狮艺创始人冯庚长和高鹤人陈斗根据猫头形象创作的，故又叫“陈斗狮”。鹤山狮头较佛山狮头偏扁而长，能直接套入表演者膊下，配合转动更加方便，狮头虽大却灵活，微小的动作也表现得栩栩如生；四角分明，左右对称，形神具备，不怒而威，嘴突出如青蛙嘴状（俗称蛤乸嘴），因此内行人又称之为“蛤乸嘴狮”。

狮头的制作是一项精细的工作。刨除准备工作，主要有四个步骤：扎、扑、画、装。先以竹篾、纱纸为主料扎出狮胚；再以纱纸、纱绸为原料扑狮，一般里外盖三层纱纸，中间夹以纱绸把狮胚糊起来，使其坚固结实，不易损坏，外表平整，不起皱褶；然后用油彩上色，按照脸谱的不同要求，手工彩绘各式特定的装饰图案；最后组装，用可活动的连接装置把下巴、睫毛和耳朵装上，以便这些部位能自由开合。

制作过程中最难的要数扎框和花纹描绘，这对手艺制作人的眼力、技术熟练程度和实践经验都有很高的要求。扎框是指最初搭制骨架环节，需要手工艺人凭借丰富的经验掌握狮头的尺寸和五官的比例，竹篾的长短、弯曲的弧度，直接影响狮子的形态。通过前期扎框搭制出的骨架结构，确保最后呈现出狮头饱满、口带大笑、眼大明亮、杏鼻利齿等形态。有了好的骨架只是基础，还需要手工艺人具备绘画功底及艺术审美能力，用夸张和浪漫的表现手法，创造出一个个威武雄伟、形神兼备的艺术形象。

根据传统，狮头造型上有“刘备狮”“关羽狮”“张飞狮”之分，三种狮头的颜色和装

▲制作工序：第一步，准备，首先用刀开竹篾

▲制作工序：第二步，扎，先用竹篾、纱纸为主料扎出狮胚，这一步是最关键的

▲制作工序：第三步，扑，用纱纸、纱绸为原料扑狮，一般里外盖三层纱纸，中间夹以纱绸把狮胚糊起来

▲制作工序：第四步，画，即用油彩上色，用手工细致勾画花纹

▲▶制作工序：第五步，装，最后组装时，要用可活动的连接装置把下巴、睫毛和耳朵装上，以便这些部位能自由开合

▲制作工序：第六步，最后在狮头镶入金属饰片，使狮头更威武

饰各不相同。“关羽狮”以红色为主色调，代表忠义、胜利和财富；“张飞狮”以黑白配色为主，显得最为凶猛；而黄底、虎斑、青鼻、青脸的“刘备狮”具有王者之气，是最大众化、最受欢迎的款式。

狮头的制作从大到小分为五种尺寸，分别是大号（11寸）、2号（10寸）、3号（9寸）、小3号（8寸）、小号（7寸）。最小的尺寸可以供孩子们表演，身材魁梧的男子则要选择大号的狮头。不同的需求者也会对狮子的形貌有不同偏好，制作者通过对狮头尺寸与比例的把握以及细节的描绘，呈现出不同形貌的狮子，如凶猛的、庄重的、活泼的。手工艺人秉承着匠人精益求精的精神，通过精雕细琢尽量满足需求者的个性化需求。因此，每一个成品都包含手工艺人的心血，每个狮头都是独一无二的。

鹤山市沙坪街道越塘松元村的狮头制作艺人冯胜强，是冯庚长的第五代传人。20世纪70年代末，冯胜强的父亲冯麟便在其姑父温联（艺名：联兴，师承冯庚长之子冯沃林）教导下开始制作狮头。冯胜强从小耳濡目染，对狮头扎制很感兴趣。父亲将一根根竹子开成多条竹篾，经过精削加工，再按先后顺序，大小、长短不同，分别扎在狮子头的各个部位，经过3~4天扎作，一捆竹篾慢慢变成一具狮子榔（框架）；随后，母亲会参与进来，将狮子榔扑上纱布、纱纸，狮子头立马变得肉肉的，憨厚可爱；接着，再由父亲用画笔在各个部位描绘相应图案，然后上漆、粘毛及组装上眼（眼珠、眼帘）、耳、口（下巴）、鼻（鼻球）。完成后，一头不怒而威、活灵活现的狮子就匍匐在眼前，令儿时的冯胜强惊叹不已，激发了他对狮头扎制浓厚的兴趣。此后，他总会借故帮忙，其实是借机在一旁认真学习。冯麟最终将技艺毫无保留地传授给儿子冯胜强。

▲鹤山狮头制作技艺第四代传承人：冯麟

▲鹤山狮头制作技艺第四代传承人：吕桂宪

如今，冯胜强已从事狮头扎制20多年，体会到从事这门手工艺的劳苦与艰辛，同时也更加钦佩父亲为了这份职业奉献出毕生心血的坚守精神。从父亲那里传承的精神深深埋在他的心里，怀着热烈的初心，默默延续着这份情怀。

随着国家对传统文化的重视，传统手工技艺也走进了校园，让年轻一代近距离感受到民间手工艺的魅力，感受到传统文化的伟大。冯胜强利用休息时间给学生们传授狮头制作技艺，培养第六代传人，将自己的这份匠心传承下去，将民族文化艺术发扬光大。

▲鹤山狮头制作技艺第五代传承人：冯胜强

黄洞米点

所在区域：雅瑶镇.

入选信息：2017年入选鹤山市第二批县级非物质文化遗产代表性项目名录，2020年入选江门市第八批市级非物质文化遗产代表性项目名录。

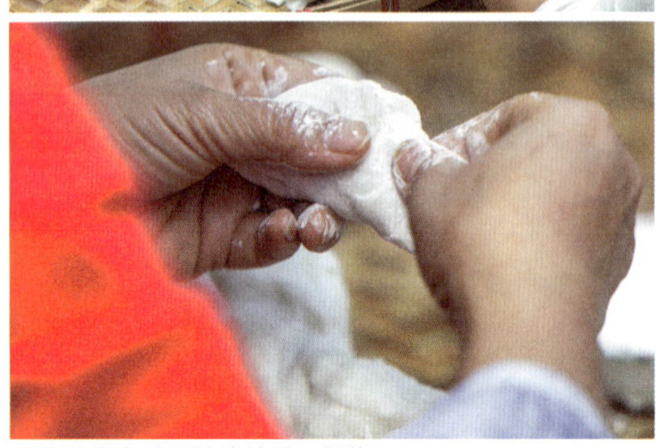

▲黄洞米点采用传统的手工制作

春节是我国民间最隆重、最热闹的传统节日。北方地区有吃饺子的习俗，饺子的做法是先和面，“和”字就是“合”，饺子的“饺”和“交”谐音，“合”和“交”有相聚之意，又取更岁交子之意。在南方有吃年糕的习惯，甜甜、黏黏的年糕，象征新一年生活甜蜜蜜、步步高。在鹤山黄洞村，就有“年三十”吃团糍、糍必的习俗，这也可算是当地特色的年糕。

在黄洞村，临近除夕，各家各户就开始制作团糍、糍必。团糍、糍必都是用本地大米磨成米浆，放入热锅反复搅拌成米糊米团，然后捏搓而成。其中，磨浆煮糊最为关键，也是最艰辛费时的环节。磨米浆要用石磨磨出来才细滑。煮米浆的过程中必须不断搅拌，以防粘锅。曾经有商家试用机器磨浆煮糊，虽然一样能煮出米糊，但蒸成米糕后就有“夹生”（米粒核心未煮熟）的现象，口感大不如全手工制作的。因此，黄洞人至今仍然保留着最传统的米点制作工艺。

煮好的米糊米团还要反复捶打、拉伸、揉压、摔按，直到米团“有劲道”才算完成。为了让团糍更具吉祥喻义，村民们还会将其捏成元宝、仙桃等形状。各家主妇也会以此显示自己的巧手与心思。

糍必则呈两头尖中间稍粗、长约十厘米的条状。糍必要一条一条地“挪”（接近揉搓的一种手法），先把蒸好的米团捏成小块状，然后“挪”成条形，之后和上花生油防止粘连，摆放整齐上锅蒸熟。由于蒸熟后会粘连在一起，所以需要人工一条条地把它们撕开，再行煮制。

▲上下图为制作黄洞米点——团糍

传统技艺

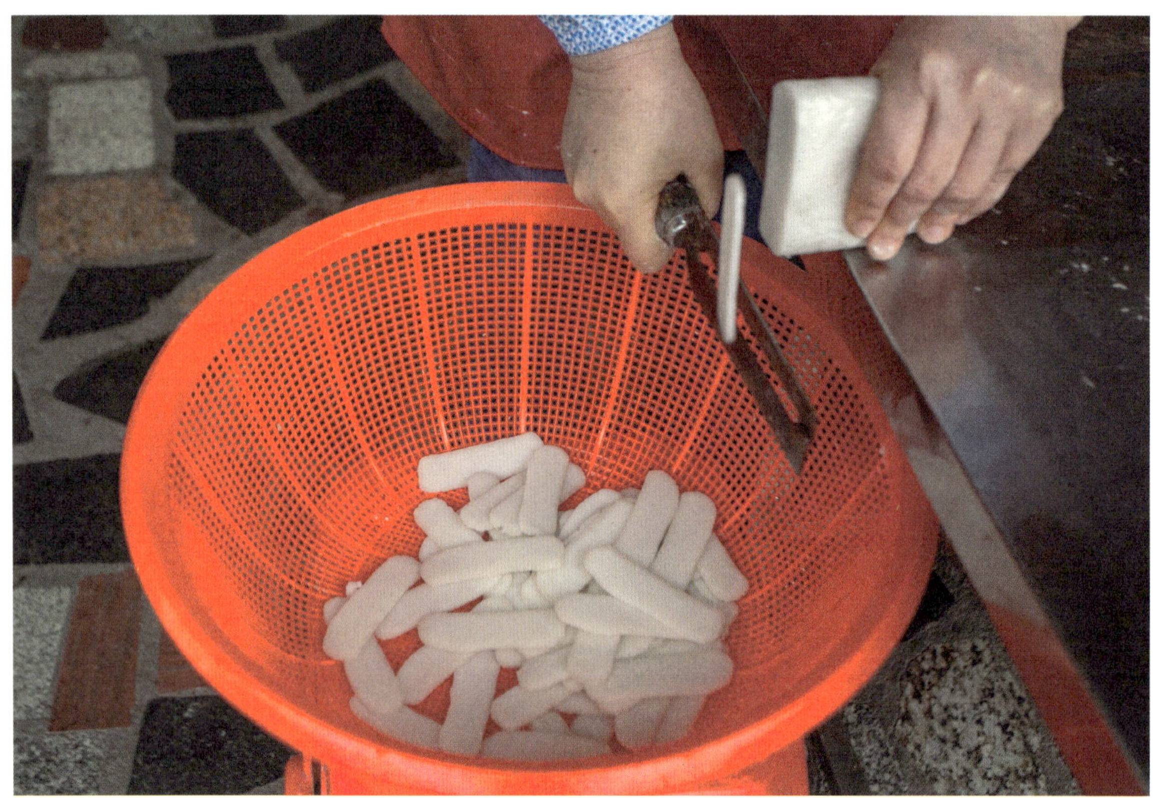

▲上下图为制作黄洞米点——团糍

▲制作黄洞米点——糍必

蒸熟的团糍、糍必可以马上吃，但村民们通常会做上好几顿的量，待团糍、糍必放凉后，用清水浸泡，只要每天换水，便可保存大半个月。这些团糍、糍必也就成了黄洞村民春节期间的美味糕点。

“年三十”除夕夜的团年饭，自然是大鱼大肉。但当天的午餐，黄洞村家家户户都会煮团糍、炒糍必。如果某户人家不制作食用，则被视为“不利是”，会影响到来年的运气。但当年有丧事的人家却不制作食用，表示对逝去先人的思念。

通常村民们在除夕早上就开始杀鸡宰鹅，然后用煮过鸡、鹅的汤，再配上时令青菜泡团糍。糍必，一般会配上腊肉片、白菜丝、芹菜大火翻炒，使之充分吸收肉与菜的味道，变得十分可口甘香，吃起来既弹牙，又有一些嚼劲。煮团糍、炒糍必，用的都是家常食材，但一家人围在一起，品尝的是一年辛劳的成果和团聚一堂的亲情。

在黄洞村老人当中，还流传着祖辈口口相传的关于团糍、糍必的故事。相传，团糍、糍必起源于罗贵南迁，与移民行旅有密切关联。南宋年间，坊间盛传宋皇室宫内的胡妃不知何故，逃至南雄珠玑里，朝廷拟发兵缉捕。当时，罗贵便率领珠玑里36姓97户，领得官府正式文引，向“南方烟瘴”之地进发。他们耗时两个月，最终抵达冈州（今新会）。

之后，罗贵等人在冈州一带定居，罗姓在古蓢甲蓢底村（今良溪村）立籍，而其他姓氏也在周边区域落籍。其时，仍属冈州管辖的雅瑶镇各村也是罗贵同行姓氏的落脚点，如现时的隔朗村原称朗溪，为陆姓人所开，而黄洞村则为黄姓人所开，并一直在此开枝散叶。

在南迁过程中，罗贵及其族人带了一些米团糕充饥。一路乘船而行，途中用水泡着这种糕点，靠岸后用水煮热就可以吃，相当方便。这一饮食习惯被罗贵一众姓氏承袭下来，在当地流传颇广，其中最有代表性的就是上文说的团糍。

古调味
东古调味

黄洞人对米糕的喜爱程度似乎更高，也更具创造性，食法更为讲究。黄洞人在米糕基础上，结合珠三角的饮食习惯创造出白水角，利用当地的鸡屎藤草制作鸡屎藤糕，逐步形成具有黄洞特色的黄洞米点系列。

勤劳朴实的黄洞人素有崇文重教的传统，村里专门有“起学”的习俗。凡是当年有小孩入

▲在黄洞村，村民亲自到野外采摘鸡屎藤

▲在黄洞村，亲朋好友聚在一起品尝白水角米点

▲传统制作的各类米点

学的人家，在小孩开学前，就会包“角仔”，连同一些葱等祭品，祭祀“社公”，寓意小孩读书聪明，出人头地。“角仔”就是白水角，除了“起学”的日子，主要在酬神的社日食用，由于制作工艺繁复，平时难得食用。

当地村民按团糍制作工艺做成粉团，将其搓成皮，然后包馅制作白水角。这些皮必须要摁得薄，蒸熟之后的白水角才会晶莹透亮，隐约看见里面的馅料。除了角皮讲究，其馅料更是费尽心思，传统的馅料主要有虾仁、瘦肉、冬菇、大头菜、沙葛以及红萝卜，有时还会加入木耳、烧肉、鱼肉等，每种馅料都要细细切成粒（沙葛、红萝卜、瘦肉粒还要飞水），然后加入胡椒粉、酱油、盐、糖、烧酒、生粉水，各自炒熟再拌在一起。这些馅料的制作往往会耗费大半天时间。等白水角蒸好后，一口咬下去，米香的浓郁、外皮的软滑，配搭鲜味十足的馅料，齿颊留香，让人在悠长回味中体会浓浓的乡情。

鸡屎藤糕也是黄洞村的一种特色糕点，原本主要在清明节食用，当地人会以之祭祖。因它具有清热解毒的功效，为黄洞村人所喜爱，后来则常年食用。黄洞村鸡屎藤糕的独特之处在于，它所配的米浆是团糍所用的，更具米味、有劲道，而在制作时，则会一层一层地蒸煮，使鸡屎藤与米糕完美地结合在一起，口感细腻、味道清新。

黄洞米点凝聚着黄洞村民的智慧和情感，既是田间美食，又是联系侨子侨情的精神纽带。马来西亚著名华侨陆佑原姓黄，是黄洞村人，据说他就十分喜爱本村的米糕食品，将这一食品带到海外，也把吃苦耐劳的传统美德在异国他乡发扬光大。

古劳鱼皮角

所在区域：古劳镇

入选信息：2017年入选鹤山市第二批县级非物质文化遗产代表性项目名录，2020年入选江门市第八批市级非物质文化遗产代表性项目名录。

“靠山吃山，靠水吃水。”鹤山古劳地处西江河畔，滔滔的西江从上游流到这里，河面变得宽阔，大量的泥沙沉积下来，成为沙洲，形成一个个的冲积滩。从明代开始，人们先后在西江边上大规模修筑堤围，防范洪水。在堤内冲积滩的地方，人们开挖出一口口鱼塘，鱼塘间形成一个一个的小土墩。鱼塘以养鱼为主，小土墩上则种桑种蔗，有的还建有民居。正是这样独特的自然环境与产业结构，催生了适应生活作息与产业发展的独特美食——鱼皮角。

▲古劳双桥墟，现在的古劳双桥墟是由广桥市墟集迁过来的，由于战争等历史原因，广桥市墟集 1949 年以前被炸毁，现在已找不到遗迹

▲古劳一带水网密布，围墩成塘，人们靠养鱼卖鱼为生。依托这一资源禀赋，古劳鱼皮角的食材取自本地新鲜鱼肉，故而制作的鱼皮角较其他地方更加新鲜，吸引周边食客专程前来品尝

广府人素有“饮早茶”的习惯，“一盅两件”，叹一杯茶，吃两件点心，悠然自得。而在古劳，鱼皮角，加鱼茸粥，就是早餐的“标配”，经济实惠，新鲜可口，而最关键是“快”。因为古劳人大多从事淡水鱼养殖，为了赶上给市场供应新鲜鱼产品，养鱼人要起早抓鱼。最早的五点多就要开工，早餐只能简单对付。作为供应“标配”早餐的商户，做鱼皮角的乡民自然就要更加提前。因为鱼皮角以“鲜”著称，不能隔夜做好，所以一般四点多就开始张罗了。

制作鱼皮角，讲究快而精，简单而不简陋。做鱼皮角包括搓粉、片皮、捣馅、包馅、蒸煮一系列程序。首先是搓粉。外皮粉料选用木薯粉与澄面，用95℃的热水搅拌。水温太高则会搓不开，水温不够会影响口感。

片皮，直接用刀把和好的米粉团切成小块，然后用刀身一压，就形成一片角皮。特别注重刀工，薄而不破，滑而不烂。

▲ 1. 搓粉是制作鱼皮角的第一步。外皮粉料选用木薯粉与澄面，用 95℃的热水搅拌。水温太高则会搓不开，水温不够会影响口感

▲ 2. 片皮，用菜刀，特别注重刀工，薄而不破，滑而不烂

▲ 3. 制作鱼皮角馅的鱼肉选自当地产的鲜活鲮鱼或鲩鱼，拌以肥瘦参半的猪肉，另加冬菇、马蹄、陈皮、胡椒、葱花等 10 多种配料捣制

▲ 4. 然后放蒸笼中用猛火蒸 15 分钟，刚好把馅料蒸熟，出锅的鱼皮角鱼香扑鼻，肉香醉人，绝无鱼腥味

制作鱼皮角馅的鱼肉选自当地产的鲜活鲮鱼或鲩鱼，拌以肥瘦参半的猪肉，另加冬菇、马蹄、陈皮、胡椒、葱花等10多种配料捣制。

包好馅后，不用特别收边，只需把中间稍微捏住，蒸熟后自然会粘紧。整个过程速度很快，但每块皮都特别薄，蒸熟后晶莹通透。

鱼皮角为什么没有鱼皮？原来水乡鱼皮角制作起源于明朝初年，至今已有600余年。最早的鱼皮角，确实是用鱼皮，包鱼肉馅制作而成，因形似水菱角而得名。

相传明初洪武年间，肇庆州府的州官巡督“广桥”市集（即现双桥参笃堤段，靠龙古公路有一小集市称为“广桥市集”，后迁移至现双桥圩市集）。时值晌午，州官到市集的小店进食。店主不敢怠慢，拿出两条四斤重的鲩鱼，剥下鱼皮，切好鱼肉，剁成肉团，后把鱼皮切成长宽两寸小块，两条鱼共切38块，把已调好味料的鱼肉团按分量放在小鱼皮之中，再用五寸长的短线缝合鱼皮，线尾塞入角肉之中，留寸把长线头以便进食。

热腾腾的鱼皮水菱角捧上来，州官迫不及待地要吃，店主笑着阻止说：“大人且慢。”接着教他先用手拈住角的线头，然后往装有佐料味的小碟沾一下，再进食，一角吃完只剩下一条线。州官恍然，随即拈住角的线头，一口吞下，高举着剩下的线说：“世间一绝，象形，美味，口齿留香，线不长但长久。”

从此，广桥“鱼皮角”名声风靡，来品尝的人络绎不绝。人们常说：“没吃上鱼皮角者，不算到过围墩水乡。”

时过境迁，广桥市集已不复存在，但广桥鱼皮角却在双桥圩（市）发扬光大。现时的鱼皮角外衣以米粉代替，但其中韵味犹存，美味有过之而无不及！小小的鱼皮角既是古劳水乡的一张美食名片，也是古劳人艰苦创业、务实肯干、努力开创美丽生活的见证。

▲鱼皮角是古劳水乡的情怀，外出乡亲们都会常回来品尝这独特的美食

靖村竹编技艺

所在区域：宅梧镇
入选信息：2017年入选鹤山市第二批县级非物质文化遗产代表性项目名录。

竹编起源于新石器时代，据考古资料证明，人类开始定居生活后，就砍来植物的枝条编成篮、筐等器皿。由于竹子随处可采，富有弹性和韧性，竹子便成了器皿编制的主要材料。中国的陶器形成与竹编的编制密切相关，先人以竹藤编制的篮筐作为模型，再在篮筐里外涂上糊泥，制成竹藤胎的陶具。

宅梧镇有得天独厚的自然资源，环山绕水，山上、河岸都种有大量的竹子，该镇很早就有竹编技艺。据说在明清时期，宅梧镇的竹编技艺已经非常繁荣兴旺，当地家家户户都懂得竹编技艺，市集也有专门售卖竹编制品的区域。而靖村作为宅梧镇的中心，其竹编技艺尤为兴盛。

在鹤山民间故事里就留传了一个关于竹编的有趣故事，从侧面说明竹编制品在当地非常流行：

一个黑心地主黄大，与当地雇农约定："一年工钱，一条水竹织个篓，装满谷就算数。"一条水竹最大只能编出一个茶杯口粗的小竹篓，所能装的谷非常有限，这样就能大大压榨农民。一天，当地一个农民黄仪担着一个大竹篓过来取工钱，黄大非常生气，说黄仪是无赖。黄仪说："一条水竹不是一条竹，是一条水长出来的竹。"黄大没办法，只能忍气吞声往竹篓装谷。但由于竹篓太大，黄大自家的谷子全部拿出来都不够装。最后，黄大向黄仪求情才作罢。黄仪拿到谷物后，分给农民兄弟。

竹编技艺主要在家族内

▲竹编生产一般有三个过程：选料、开篾、编织

手手相传，竹编传承人余伟雄就是自小通过母亲的传授，再加上自己一边制作一边摸索，才习得竹编技艺。靖村竹编技艺在继承传统的基础上进行了丰富，以缜密构思、制作精巧、色泽丰富、变化多端见长。通过竹编技艺，不但能编织出常见的竹篮、竹篓、竹帽等用于农田耕作、日常生活的器具，还能与葫芦等结合制作出水瓶、花瓶等精美的工艺品。

改革开放初期，靖村开办竹器厂，吸引了当地有手艺的农民进厂工作。工厂生产的竹器以收纳箱、果篮、垃圾筐为主，主要出口日本。这些竹器因选料精良、手艺精美而广受欢迎，靖村竹编产业一度相当鼎盛。

一个耐用、美观的竹编制品，其制作时间长，对手艺的要求很高。

第一个高要求在选料。选竹子很有讲究，老竹耐用，嫩竹易编，要根据制作产品的特点进行选择。一般来说只生长了一两年的竹子不能用，最起码要选择生长了三四年且长得茂盛的竹子，才适合编织。

第二个高要求在开篾。开篾就是将竹子加工成篾丝或篾片，其工序很多，先要把竹子砍下，经过锯、切、剖等工序，直至加工成篾丝或篾片。切剖的过程十分考究，需要手和刀成一直线，切剖时双手用力要均衡，以确保篾片的宽度一致。以现在的手艺精度，最薄的篾片可以开到1毫米不到的厚度。

▲宅梧手工竹编工艺品，做工细致、用心，匠心独运

第三个高要求在编织，这也是最难的环节。编织过程要手艺人篾随手转、手带篾行。这一过程需要手艺人用细致的力度控制，保证在编织的过程把控好器物的外形，不致走样。而且，由于竹的韧性有限，还要防止因力度过大而断裂，因为编织需

合欢河吟谢嘉客
志同道合青春

連理花間映錦堂
夫妻恩愛常合好

要一根篾片用到底，一旦断开就要重来。

学习竹编技巧需要花费大量时间磨炼，其过程烦琐枯燥。随着工业化进程加快，人力成本不断提高，更多价廉耐用的替代品出现，传统手工艺制品市场不断萎缩，竹编手艺人的发展空间越发收窄。当地艺人表示，目前最热销的竹编制品是面向农村家庭的大竹篮，一年也仅能卖100个左右，其他工艺制品的市场需求更小。由于收入少，现在已没有年轻人愿意以此谋生。

竹编技艺是当地重要的民间生产技艺，具有一定的保护与传承价值，现时面临的困境不容忽视。接下来要着力予以传承保护，鼓励手艺人开发符合时代审美与生活需求的日用品、工艺品，并充分利用互联网平台、当地旅游项目等进行生产性保护，为当地乡村振兴助力。

▲竹编技艺十分讲究技巧——手和刀要成一条线、双手用力要均衡

鹤城花生加工技艺

所在区域：鹤城镇

入选信息：2020年入选鹤山市第三批县级非物质文化遗产代表性项目保护名录。

鹤城花生种植及制作历史悠久。《鹤山县志》记载：“早在清代，县内已有花生种植”；“鹤山县内花生种植很广，遍于全县，以鹤城、龙口两区为最多，种植均在1万亩以上，总产占全县的42%”。在鹤城客家地区，客家人对土地的感情深厚，习惯把花生叫作“地豆”。

鹤城花生最负盛名的产品——泥焗花生，原产于南星村周边，由20世纪初南星村委会茅坪村村民赵连生研制，距今有百年历史。赵连生以烧炭为业，在烧炭的时候，他将有壳花生拌和生盐、香料，裹以当地农田里的黄泥，装在罐、埕之中，放置于炭窑烧熟。他将烧熟有独特香味的花生分享给村民，得到大家的称赞。

1968年，赵连生被鹤城镇供销社聘请为鹤城镇花生厂技术总监，在南星村委会茅坪村口搭建锅炉，制作泥焗花生。制作过程颇具特色：先将当地黄泥加水，用大锅烧煮，一边煮滚一边搅拌，富含矿物的黄泥水面逐渐浮出泥油，这就是让鹤城花生声名鹊起的关键之物。再将泥油和花生搅拌，加入木薯粉、盐煮熟，然后铺在太阳下晒干。这样加工的花生味道香醇，别具一格。桃源供销社将一批批泥焗花生运到广州、佛山一带出售，常常是货刚到便被一抢而空，效益可观。

附近村民随之效仿，纷纷搭建锅炉，按照赵连生的配方制作泥焗花生。到了1978年，南星

▲传统手工加工花生通过多道工序完成

▲工人正在细心地挑选花生

村委会茅坪村几乎家家户户都以制作泥焗花生为业，村民不再自己种植花生，转为收购南星村委会其他农户种植的花生，“南星花生街”初显规模。

1980年后，当时花生的收购价格为0.8元一斤，制作成泥焗花生售出价格为0.88元一斤。但好景不长，有村民故意加大泥油的分量以博取更大收益。最严重的时候，一车泥焗花生中泥的含量过半，严重影响了鹤城花生的品质和口碑，以至于无人再愿意收购泥焗花生。盛名一时的泥焗花生就这样不得不黯然退出市场。

陷入困境的茅坪村村民十分着急，积极到广州、佛山奔走。后来，村民们根据广州市第五基层店经理提出的改良意见，不断调试、改良配方，最后制作出方便食用的水煮花生，使鹤城花生重新进入了市场。20世纪80年代，广州、佛山的戏剧行业处于兴旺时期，很多戏迷喜欢一边看戏一边吃花生，鹤城的水煮花生需求量大，每每运到广州又是被抢购一空。

20世纪80年代末90年代初，南星村注册成立南星花生总厂，下设114家分厂，许多农户以“一锅一炉”开设家庭式作坊，主要生产在水煮花生基础上“升级”的白玉咸干花生。客家人钟爱白衣花生，认为这样的花生更有营养。此时的鹤城花生以“白壳、白衣、白肉”的特点著称，因此取名“白玉”。“南星花生街”成为鹤城最大、最重要的花生深加工产品储存中心和交易市场。这里商业兴旺，商贾云集，夜市经营至凌晨两三点，南星村因热闹繁华而被称作

▲随着花生加工产业的发展，现在有部分开始增加了自动化生产设备

“小澳门”。

2000年前后，由于大部分加工厂没有自己的品牌，以代工为主，利润微薄，经销商打“价格战”压低生产成本，导致产品质量参差不齐，久而久之，口感单一的白玉咸干花生销路下降，用传统方式加工的花生不再受到市场的青睐，鹤城镇绝大部分花生加工厂陆续关闭。

在当地政府指导下，鹤城仅存的花生加工厂走上了转型升级之路。当地客家人常用必不可缺的客家黄酒来煮花生，给花生增味。这些花生厂便依照这一传统工艺，制作了甜酒花生。

制作甜酒花生时，先将八角、甘草、菊花等香料和客家黄酒放在大锅中，用柴禾煮开，再加入花生，一边煮一边搅拌。黄酒不要放太多，差不多没过花生就可以。棕黄色的客家黄酒，浸泡着花生，呼噜噜地泛起透明、宛如珍珠般大小的泡泡。煮好后的花生一定要经过充分的晾晒或烘干，不然花生仍然没有很好的入味。晾晒好的花生，微微泛着棕黄色，花生壳非常的酥脆，轻轻一捏就能捏开。花生仁也变成紫灰色，将花生仁放入口中，轻轻一咬，满嘴都是客家黄酒的香气。花生味微甜，不像炒制的花生那样坚硬脆口，而是有一种煮制的柔和感。有了甜酒花生的成功经验，鹤山花生又逐渐研发出卤水味、蒜香味、咸干味、陈皮味、盐焗味等近10余种口味，远销海内外市场。

人们坐在院子里乘凉聊天的时候，可以一边吃甜酒花生，一边小酌着客家黄酒。也许这样的零食只有在客家人聚集的地方才能享受到。当地民间流传一个关于甜酒花生的传说：在300多年前，有一个和尚很喜欢喝酒，可是方丈不允许他喝酒。于是和尚想了一个办法，他来到一家酒坊对酒坊的老板说：“你拿酒糟和花生捞在一起，这样花生就有酒味，然后我就可以拿花生回寺庙去吃，方丈也不能发现我偷喝酒。”

鹤城镇种植、加工花生的历史悠久，现在虽然种花生的人不多了，但因花生“花开富贵”“生生不息”等美好寓意，使其成为当地客家生活中必不可少的一部分。鹤城客家人到了婚嫁、儿女满月、重要节庆日，总是拿出传统花生这个民间农特产招待亲朋好友。鹤城花生也成为他们挂在嘴边的淡淡的乡愁。

▲ 1. 煮花生

▲ 2. 花生煮熟后，下一步就准备烘干

▲ 3. 将煮熟的花生输送到烘炉烘干

▲ 4. 把烘干的花生进行手工挑选，分别包装

◀鹤城花生第一代泥焗花生

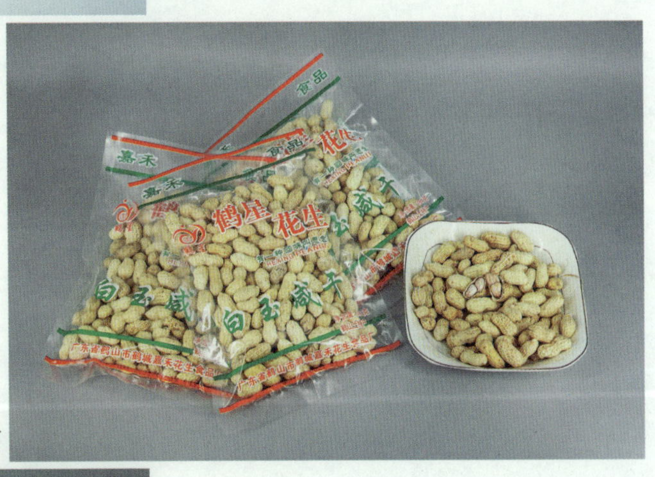

▶鹤城花生第二代白玉咸干

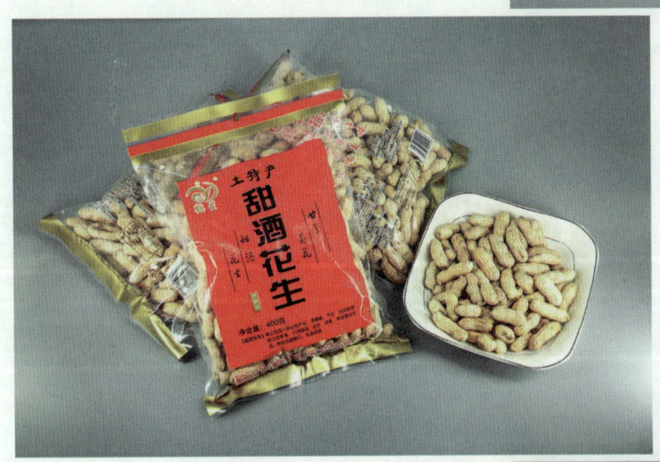

◀鹤城花生第三代甜酒花生

▶鹤城花生第四代陈皮花生

紫丹苏陶制作技艺

所在区域：鹤城镇

入选信息：2020年入选鹤山市第三批县级非物质文化遗产代表性项目保护名录。

鹤山制陶历史悠久，境内目前最古老的窑址是唐代窑址，一共有四处，包括古劳凤冈窑址、古劳宏冈窑址、沙坪镇玉桥大涌口窑址、沙坪镇坡山西头冈窑址。考古现场采集到的陶器有炉、盆、釜，青瓷有碗、罐等。由此可见，鹤山的陶瓷业源远流长。

▲洛其陶瓷艺术文化有限公司外景

但昔日繁华，如今却归于沉寂，曾经繁盛的陶瓷制造业逐渐衰落，目前鹤山的制陶工厂所剩无几，由苏洛其夫妇主理的鹤山市浪陶纤维原料有限公司是其中之一。

苏洛其出生于被誉为“南国瓷都”的佛山市石湾镇的一个制陶世家。晚清时期，苏家祖先就开始靠制陶维持生计，距今已有100多年历史，传至苏洛其，已经是第四代。在父辈的影响下，苏洛其从小就对陶艺产生了浓厚的兴趣和深厚的感情。20世纪90年代初，一次偶然的机会，苏洛其发现鹤山当地有两种特别的土质非常适合制作陶瓷器皿，于是在鹤城镇南洞村开设了一间工作室。苏洛其夫妇在鹤山制陶，在保留传统制陶技艺的基础上，进一步研究、创新，研制出“紫丹陶器”，又名“紫丹苏陶”。

紫丹陶器采用纯手工制作，不经抛光，造型随意洒脱，设计精巧，作品遵循石湾陶艺特色，浑然古朴，美观实用。陶器采用高温烧制，原材料采用南泥北矿（包括鹤山、江西、广西、山西、云南等多地原料）多种砂泥（现在也称紫砂泥，有红、黄、白、黑等几种颜色），根据比例进行混合烧制。众多原料中有一种鹤城少见的岩土，用其烧制出的陶器具有优良的透

▲选泥：采回来的矿泥选用上好的、适合制品颜色的

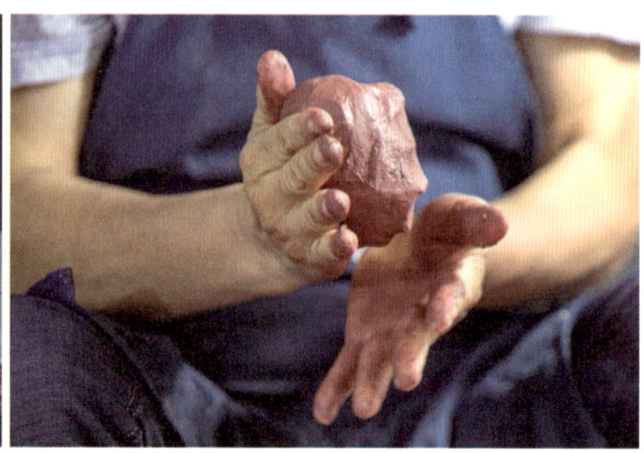
▲搓泥：将泥内的空气排除，避免后期烧制起泡炸裂

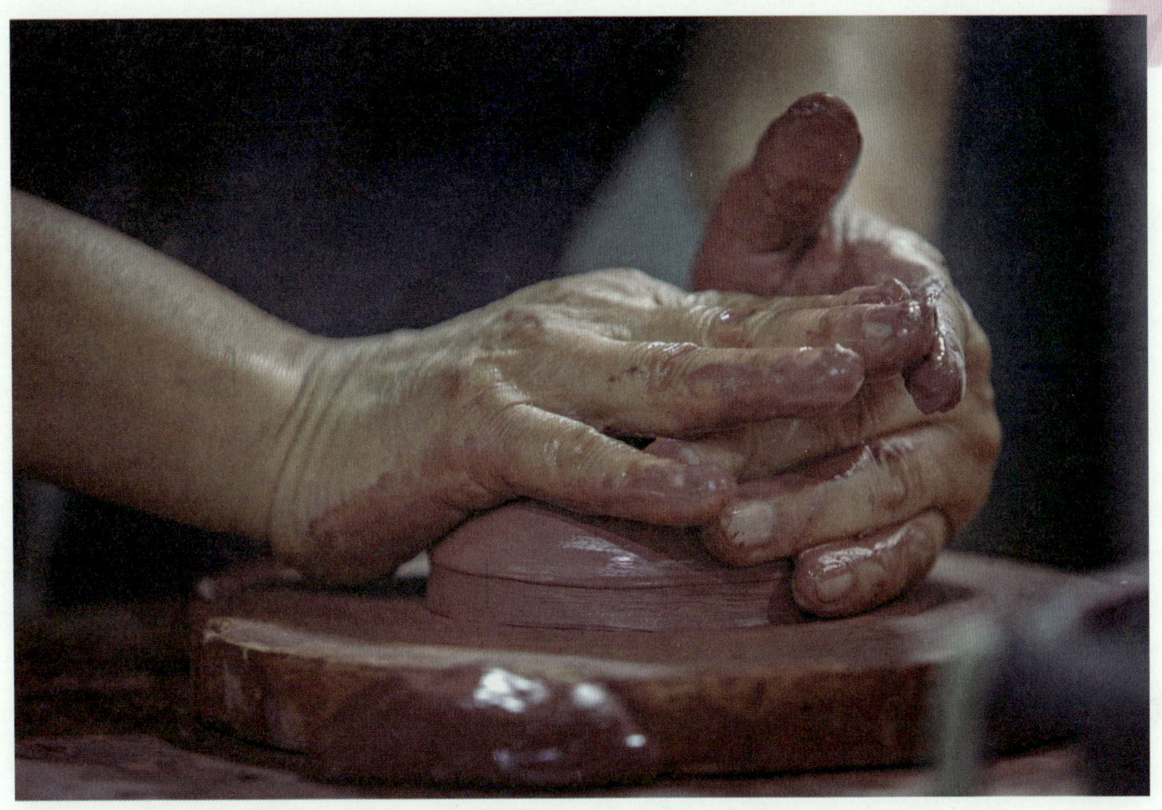

▲拉坯 1：将泥团放在拉坯机的中心定好位，按照所制器皿尺寸的大小或形状进行拉坯

▲拉坯 2：将泥团放在拉坯机的中心定好位，按照所制器皿尺寸的大小或形状进行拉坯

▲雕刻图案：发挥丰富的想象雕刻创作出各种各样的图案

▲坯体拉好后，摆放在木架上晾干

气性，以之储存液体，可使液体不易变质；同时，陶土中含有丰富的矿物质，可吸附杂质，具备一定的养生功效。

“不经一番寒彻骨，怎得梅花扑鼻香”，紫丹陶器的成功研制，背后经历了一番艰难波折。

韶关市南华寺有一只六祖慧能使用过的陶瓷紫砂斋钵，据传这只斋钵具有保鲜功效，从初祖传给二祖，依次传承，直至传给六祖慧能，全国仅此一只。1978年，韶关市南华寺需要订制仿唐陶瓷紫砂斋钵作为全国佛教会议礼品，南华寺的住持走遍山东、江西、湖南等地，招募能贤之士仿制斋钵，但都没有制作出令他满意的成品。最后，住持来到当时的石湾陶瓷工艺厂，找到了在该厂任技术员的苏洛其，让他尝试仿制。

仿制研究的过程异常艰辛，难点主要在于如何通过原材料的配比，使烧制出的斋钵具有保鲜效果。一开始苏洛其尝试将各种不同的原料按比例进行混合烧制，但始终不得其法，成效不佳。眼看将近三个月时间过去了，尽管苏洛其废寝忘食地进行研制，却依然一筹莫展。俗话说“山重水复疑无路，柳暗花明又一村”，困难时刻父亲出手相助。作为一名经验丰富的制陶师傅，苏洛其的父亲提出一条“锦囊妙计”，让他先将每一种原材料进行单独烧制，出具化验报告，清楚了解每一样原料的性能、效果后，再根据性能进行混合配比烧制。苏洛其按照父亲的方法，对100多种原料进行单独烧制，再选用具有保鲜、透气功能的原料烧制试验，用了约一周时间就成功研制出具有保鲜效果的仿唐朝陶瓷紫砂斋钵！南华寺住持对斋钵的成功研制非常满意，立即向石湾陶瓷工艺厂大量订货，还请苏洛其到南华寺住了七天。

斋钵的研制生产结束了，但苏洛其精益求精，不断深入研究，改善配方，逐步制成“紫丹陶器”。从1978年至今，紫丹陶器的研制不断升级、完善，材料来源更加丰富，同时发挥鹤山资源优势，部分原料采用鹤山矿泥。如今的紫丹陶器透气通风性能更佳，长期使用对人体有

益，功效从早期的保鲜作用提升至人体保健功能。

紫丹陶器的制作非常讲究，包括选泥、研磨、过滤、脱水、搓泥、拉坯、雕刻、煅烧等多重工序。

陶器原材料采用多种砂泥进行混合，首先将采回来的矿泥进行初步筛选，保留质量上乘的部分，然后将各种矿泥分别加水研磨约20个小时，再进行过滤，消除内部杂质。

▲坯体晾干后，用颜料在坯体上书写，待颜料干透后就可以进窑煅烧

经过前期的研磨、过滤，对泥块进行脱水、稍微晾干后，就进入重要的搓泥工序。这个环节必须由人手反复搓揉矿泥，将泥内的空气充分挤压出来，才能避免后期烧制出现起泡炸裂的现象。

接着，根据各种矿泥的收缩特性，按照一定的比例混合均匀。将混合好的泥团放在拉坯机的中心定好位，按照所制器皿的尺寸、形状进行拉坯。在车盘不停转动的同时，制陶师傅还要用手不断地对坯体进行修整，或用刻刀细心地旋削，使坯体厚度适当，表里光洁，形体连贯，规整一致。用拉坯机进行拉坯造型时没有模具，完全凭借制陶师傅的匠心独运、熟练手法设计制作出各种精美作品。完成拉坯造型后，就可以将其摆放在木架上晾干，制陶师傅可发挥丰富的想象力雕刻创作出各种各样的图案。

最后进入煅烧环节，将坯体送进窑里进行长时间的煅烧，经过1250℃以上高温烧制出来的紫丹陶器会发生各种不同程度的窑变，每一件成品都是独一无二的。与很多制陶艺人一样，苏洛其从小经过刻苦训练，在窑炉前练就了一双“火眼金睛”，用眼睛观察火的颜色，就可以基本判断火的温度，从而把控好火候。

“紫丹陶器”是对传统陶器制作技艺的继承与发展，也是苏洛其多年来对陶艺的探索、研究和创作从未停歇的见证。他的经历也折射出一代代制陶艺人的勤劳和坚守，他们秉承着工匠精神，在土与火的交融中“锻烧”自己，将传统制陶工艺继续传承下去。

▲琳琅满目的紫丹苏陶制品

鹤山红茶

所在区域：双合镇、宅梧镇、共和镇、鹤城镇、龙口镇

入选信息：2020年入选鹤山市第三批县级非物质文化遗产代表性项目保护名录。

▲ 1. 采茶

鹤山境内多丘陵山区，丘陵连绵起伏，坡度适中，土壤肥沃且多呈酸性，加之气候温和、雨量充足，这种自然生态环境很适合种植茶树。市内有双合、宅梧、共和、鹤城等四大红茶种植基地。

作为广东省著名的茶叶产区，鹤山红茶大规模种植制作始于明代。当时大批客家人进入鹤山，县令黄大鹏鼓励种茶，并组织编写《鹤山茶鉴》，向茶农推广茶叶种植和制作技术。由于茶叶种植与贸易兴旺，当时的县衙门所在地鹤城还出现了“茶行街”，有大小茶行十多家。到了清朝乾隆至道光年间，茶叶生产进入全盛时期，出现“一望皆茶树，来往采茶不绝”的繁荣景象。鹤山红茶不仅在内地销售，还随着华侨的足迹，运向中国香港、中国澳门、南洋和美洲等地。

红茶是所有茶叶加工中制法最复杂、耗时最长的一种。鹤山红茶传统古法制作包括萎凋、揉捻、发酵、烘焙等一系列程序。

萎凋：把有一定硬度的新鲜茶叶放置在空气中，让其在凋谢后失去水分，这是制作红茶和绿茶的重要区别。当茶叶叶尖失去光泽，叶质柔软梗折不断，叶脉呈透明状态，茶叶卷成条状方可进入下一程序。

▲ 2. 萎凋

揉捻：就是通过双手揉茶，一方面使茶汁破壁流出，另一方面使茶叶卷成条，通过不断翻动茶叶确保茶叶和空气充分接触氧化。这一工序考验制茶人的力量控制和耐力，轻揉和重揉都会影响茶叶的破壁率，影响最后冲泡的味道。

▲ 3. 揉捻

发酵是制作红茶的关键程序，将揉捻叶放在发酵框或发酵车里，在温度、湿度和氧气量适宜的空间中，使茶多酚氧化酶发生氧化聚合反应，形成红茶的色、香、味品质特征。

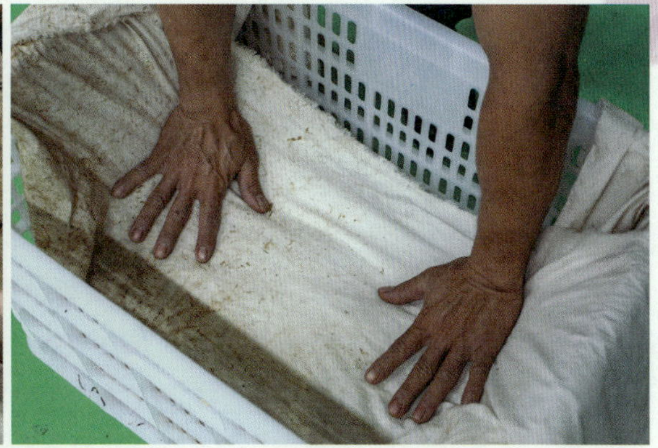

▲ 4. 发酵

▲ 5. 烘焙

最后是烘焙，把发酵适度的茶叶均匀放在炉子上，使茶叶停止酵素作用，焙到茶叶触手有刺感，茶叶的形状会固定下来，使茶叶更长时间保存。有些人会将其研磨成粉制作红碎茶，但是大多都是直接摊凉便完成整个红茶的制作。

随着科技发展，萎凋、揉捻、发酵、烘焙等工序的设备有了改良，实现一定程度的自动化，但其传统制作的精髓仍然保留，要依靠制茶师的经验判断，控制茶叶制作各个环节的“火候”。比如，在不同季节、不同天气采摘的茶青，其制作的时间长短就不相同，在鹤山流传下来的《采茶歌》中有生动表现：

采茶歌

二月采茶茶发芽，姐妹双双去摘茶；大姐摘多妹摘少，多多少少转回家。
三月采茶茶叶黄，田中亏了长牛郎；插得田来茶又老，摘得茶来秧苗长。
四月采茶茶叶金，姐妹房中乡手巾；两边绣出茶花朵，中间乡出采茶人。
五月采茶茶打瓣，茶树头下有神坛；多买纸钱敬土地，土地伯公保平安。
六月采茶喜洋洋，姐妹双双巧梳妆；头上梳起龙凤髻，排插金钗十二行。
七月采茶秋风起，姐妹房中织高机；织得高机十二丈，两人做出采茶衣。
八月采茶秋风凉，风吹茶花满山香；茶树头下好风景，老茶唔够嫩茶香。
九月采茶是重阳，重阳洒米菊花香；大姐提杯妹盏尝，两杯盏上守重阳。
十月采茶是立冬，十担茶箩九担空；等得明年春三月，茶树头下又相逢。
十一月采茶是大江，妹子扛茶转回乡；脚踏船头忙忙走，大家分手转回乡。
十二月采茶又一年，姐妹双双去取钱；取得钱银多欢喜，今年少取望来年。

鹤山红茶产业在中华人民共和国成立以后获得长足发展。20世纪50年代初，中国茶叶公司广东省分公司下设了4个直属茶叶收购站，其中一个就设在鹤山的白水带。60年代，中国需要发展一批可以打开世界贸易大门的产业，其中茶叶是关键的“敲门砖”，鹤山鼓励有条件的镇重点发展茶产业。当时只会用土法制作红茶，需要投入大量人力。适逢大批知青下乡来到当地，人手增加，当地茶园规模也不断扩大。在此期间比较有名的茶场包括鹤城公社茶场、鹤城城西马耳山茶园、更楼公社茶场、福迳大队茶场、古劳茶山、沙洞大队茶场、井头狮坡茶场、官山大队茶场、白洞大队茶场等。其中，双合镇生产的“双石”牌红茶声名远扬，畅销各地。

到20世纪80年代，为了解决知青回城后出现的人力空缺，各个茶场又进行了机械化改造，在一些人力需求多的环节采用机械化作业。这一时期是鹤山红茶大发展阶段，红茶种植面积大幅增加。如红茶重镇双合，茶园从2000多亩一直发展到6000多亩，18支采茶队伍每天采摘茶青两万多斤，一年生产出口的红碎茶达6000多担。如今，红茶规模虽不及以往，但仍有较大规模的红茶加工厂数十家，种植面积5000亩，在省内有重要地位。政府也牵头举办红茶文化节，不断扩大鹤山红茶的知名度。

与种茶产茶相伴，饮茶也成为当地日常生活必不可少的活动。每年清明前后，或是逢年过节，当地家家户户用红茶招待亲朋好友，并作为贵重礼物相赠。

鹤山茶叶历史悠久，名扬四海，涌现了一批又一批杰出的制茶师、茶商，出生于白水带的戴三才便是其中的佼佼者。此公直到逝世前一直负责中国茶叶公司广东省分公司的茶品制样工作，经他审评的品质和评定的价格成为入市标准，不再需要省公司专家复核。1972年在宅梧公社召开的全县茶叶会议上，代表们将15对湿叶、茶汤错开，让戴三才重新排列，结果全部正确，代表们得出两个字“服了”。

▲品茶

▲品茶

鹤山红茶具有汤色红润、余味悠长、清香甘醇、津生喉润的特点，一直深得茶人的喜爱。随着政府和地方对红茶产业的日益重视，鹤山红茶品牌正逐渐树立起来，成为当地重要的地理标志产品。

龙口牛肉

所在区域：龙口镇

入选信息：2020年入选鹤山市第三批县级非物质文化遗产代表性项目保护名录。

“庖丁为文惠君解牛，手之所触，肩之所倚，足之所履，膝之所踦，砉然向然，奏刀騞然，莫不中音。”《庄子·养生主》里讲述的“庖丁解牛”的故事流传千年，令人神往。在鹤山龙口镇，就有一户人家传承着独特的“解牛”技艺。当地也由养牛、宰牛发展到吃牛，甚至

▲龙口霄乡

▲龙口温氏宗祠

▲村民聚会品尝龙口牛肉美食

▲牛肉火锅

因受“牛”启发跨界发展纺织行业，形成“牛”产业群，沉淀出独树一帜的龙口牛肉文化。

龙口这位传承独特“解牛”技艺的人就是当地老一辈人都知道的“牛栏德”，1949年之前他就在当地小有名气。“牛栏德”原名温德胜，年少时曾随族人到新加坡等地谋生，机缘巧合下习得欧洲斗牛的技巧。后来，他回到乡下龙口镇，开始养牛，并摸索宰牛技艺。

过去，牛主要用于耕作，是重要的生产资料，人们普遍舍不得宰杀。只有到牛老了，无法劳动了，才会进行处理。因而，会宰牛的人并不多。宰牛的要诀在于“快”，必须一击即中，既能减少牛的痛苦，也能保持牛肉的鲜味。要做到一击即中，必须找准部位。“牛栏德”从欧洲斗牛的技巧中得到启发，摸透牛的各个部位特征，在实践中练就了一手过硬的宰牛技艺，逐渐在乡亲中竖起口碑。

中华人民共和国成立后，“牛栏德”继续利用自身特长，在生产队里负责养牛、买牛。因为他除了宰牛厉害，还会评牛、估牛。所谓估牛，就是通过目测，评估牛的体重、生长发育情况、肉脂比例等，甚至要预判幼牛的生长趋势。买牛要想不被骗，必须会估牛，而且全靠经验目测判断。在当时，

▲传统烹制牛肉的材料

▲切肉

▲煮制牛杂粥

牛可是整个生产队的贵重资产，如何能准确估牛，真是一件含金量极高的技术活。由于“牛栏德”估牛的准头高，深得乡亲们信任，四邻八乡甚至是西江对岸的南海，也有邀请他过去帮忙估牛、选牛。

改革开放之后，“牛栏德”的儿子温炳均，人称“矮仔均”，传承了父亲的养牛、屠宰技艺。凭借着对牛的深入研究，温炳均敢开风气之先，在龙口镇较早开始经营吃牛的饭店，而且一代传一代。温炳均育有八个儿女，至今，龙口牛肉牛杂饭店林立，大部分都是“矮仔均”家族经营的。

在农耕社会，牛长期作为耕作工具，等到年老被宰杀后，肉质也差了，根本谈不上讲究什么做法、吃法。“矮仔均”自有养牛场，坚持绿色养殖，在山谷中放养，牛吃的是天然草料，养殖周期长。他们自养自宰，屠宰后3小时内送到门店，“每餐一头牛”，保证牛肉质嫩、肉味浓郁。这正是龙口牛肉的第一大特点——新鲜。

第二个特点是，每一个部位都有不同的吃法。你要想吃牛的哪个部位，在这里都可以吃到。跟牛打了几十年交道，温氏家族对

▲炆制牛腩

传统技艺

▲炆牛杂

牛的每个部位都非常熟悉，并针对每个部位的特点研制出不同的制作方式。

有一道招牌菜“黄金牛蹄”，味美不肥腻，配上独特秘制酱汁，绝对戳中味蕾。还有秘制牛肉火锅，汤底必须用新鲜纯牛大骨为主料，每天天还没亮就开始熬制，直至整锅汤底散发出浓郁香味才出锅，加生料肥牛、牛肠、牛肺、牛肚、牛筋、牛百叶……汤底浓郁，牛肉牛杂新鲜。这些已经涮熟的牛肉和牛杂，散发着天然的肉香，就算是不添加任何酱料，尝起来都十分可口。

牛肉，据说享有“肉中骄子”的称号。牛肉富含蛋白质和氨基酸，对提高身体的抗病能力

▲炆牛蹄

很有帮助，具有强筋骨、消水肿、补脾胃等功效。寒冬食牛肉，有暖胃作用，为寒冬补益佳品。《本草纲目》指出，牛肉能“安中益气、养脾胃，补虚壮健、强筋骨，消水肿、除湿气”。

一次偶然的机会，温兆轩用清水灼食自家养的牛肉，竟然吃出淡淡的甘蔗香味。细细追查之下，发现牛是养在无人岛上的，岛内有一片甘蔗田。他推测应该是牛长期吃甘蔗尾梢，所以自带甘蔗香。温兆轩从中得到启发，开始探索用甘蔗尾梢养牛。通过政府牵线搭桥，他了解到广西龙州县大量种植甘蔗。于是，他积极响应中央产业扶持政策和粤桂扶贫协作行动，到龙州投资甘蔗牛生态循环产业。

龙口牛肉，推动了一个家族、一个产业、一个地区，从“富起来”走向“强起来”。如今，凝聚创新、协调、绿色、开放、共享五大发展理念的龙口牛肉，又在不断满足人民群众对美好生活的向往大潮中破浪前行！

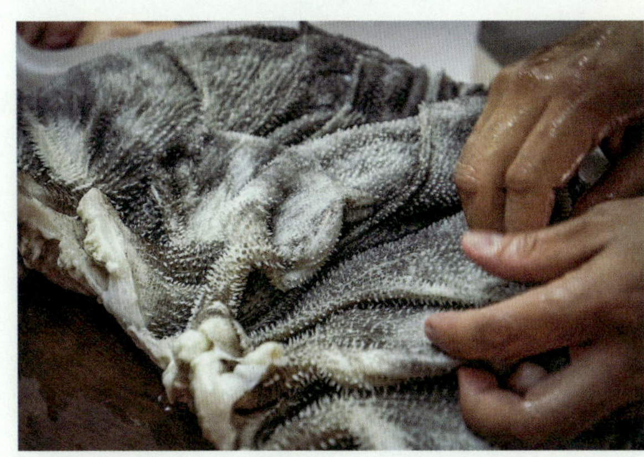

▲新鲜牛百叶

▲新鲜牛肚

源广和盒仔茶（甘和茶）

所在区域：龙口镇

入选信息：2020年入选鹤山市第三批县级非物质文化遗产代表性项目保护名录。

头晕身热，喝一碗凉茶；口舌生疮，喝一碗凉茶；“眼屎”多、长“痘痘”，都可以喝一碗凉茶……广东人的日常与“凉茶”结下不解之缘。

凉茶，是岭南人民根据本地的气候、水土特性，在长期预防疾病与保健的过程中，以中医养生理论为指导，以中草药为基础，不断总结经验研制出的一类具有清热解毒、生津止渴等功效的饮料总称。饮用凉茶是岭南人民长期同大自然作斗争总结而来的一种“护身法宝”，也是一种日常生活的集体记忆。

鹤山是知名凉茶之乡，历史悠久的源广和盒仔茶（甘和茶）发源于鹤山市龙口镇霄南村，由祖籍霄乡的源吉华以及他三个儿子源会昌、源合昌、源英昌于1821年所创，至今已有近200年历史。

▲源广和（龙口）公司外景

其实，“源广和”最早并非凉茶的品牌。当年，源吉华父子以“源广和”为品牌，在佛山售卖颜料，打响了名堂。源吉华父子看到很多穷苦百姓备受疾病煎熬，特别是伤风感

▲坐落在鹤山市龙口镇霄乡村的源广和旧址

冒等常见病，却无力寻医，基于“达则兼济天下”的思想，他们开始研制药方，希望制造一种价廉物美的药，可以帮助大众。源吉华父子首先想到的就是先祖留下的消暑解毒药方。

说到这个消暑解毒药方，不得不先说一下源氏的来历。这个罕见的姓氏始于曾经显赫的鲜卑氏族。据考证，源姓始于秃发鲜卑，和北魏王室同族。

鲜卑族起源于大兴安岭林海雪原，后经内蒙古大草原南迁至青海甘肃一带，于南北朝时期曾建立南凉王国。南凉国被灭亡后，源氏始祖秃发破羌率众投奔北魏，接受北魏太武帝拓跋焘所赐姓名“源贺”，其子孙从此姓源。源贺先后参加过太武帝的西灭北凉、北退柔然、南攻刘宋等重大战役，在北魏的北方统一战争中立下汗马功劳，被朝廷授以西平公、太尉、陇西王等官爵。

公元479年，源贺自知命不久矣，于是临终前留下遗言：“吾顷以老患辞事，不悟天慈降恩，爵逮于汝。汝其毋傲吝，毋荒怠，毋奢越，毋嫉妒；疑思问，言思审，行思恭，服思度；遏恶扬善，亲贤远佞；目观必真，耳属必正；诚勤以事君，清约以行己。吾终之后，所葬时服单椟，足申孝心，刍灵明器，一无用也。”这段遗言就是源氏家规祖训的起源。

南宋咸淳甲戌年（1274年），源潜夫自南雄珠玑巷迁居霄乡，源潜夫当时带的财物不多，但祖训就带在身边，且将祖训写在族谱上，雕刻挂在祠堂的墙面上。源氏后代千百年来敬遵祖训，秉承家风，以勤劳守德为要务，乐善好施，生生不息，名人辈出。

南下途中，为了适应南方高温潮湿气候，鲜卑源氏祖先配制出消暑解毒药方，在族人中流传。正是有了祖先秘方的基础，源吉华父子遵循中医“药膳同源防未病”的理念，经过请教名医和反复研制，以28种中草药熬成药汁，再以青毛茶吸药汁，经九蒸九晒，制成即冲即饮的“盒仔茶”（因其产品用纸盒包装而得名），并在当地施药济世。

清光绪戊戌年（1898年）春夏间，岭南一带发生瘟疫。源广和家族动员一切力量，赠饮送药，以盒仔茶救治了很多人。当时南海狮山孔敬慎堂的父老赠送了一牌匾，上面写着“甘露和风”四字，赞颂盒仔茶“立起沉疴，百发百中，救治多人”的奇效。击退来势汹汹的瘟疫后，“盒仔茶”声名鹊起，源广和家族也因此更加受到广大乡亲的尊敬和爱戴。

后来，“盒仔茶”定名为“源吉林甘和茶”，“源”是姓氏；“吉”者，吉祥之意；“林”者，寄望生意如树林般茂盛。源吉林甘和茶在20世纪30~60年代最为盛行。在当时中国粤港澳和东南亚的酒楼、茶居，除了普洱、寿眉，还有甘和茶可作选择，其新潮与流行程度类似今天的奶茶。

荷叶
金银花
山楂

木瓜
布渣叶

▲选用云南高山大叶种晒青茶叶，吸收以 20 多种优质的中草药熬成药汁，并遵照九蒸九晒的古方程序制作

凉茶，给人的一般印象就是“苦”“寒”。而甘和茶苦中带甘，入口甘凉，慢慢品尝后会觉得喉咙非常舒服。因为甘和茶选用茶株中最顶部分的嫩叶——“青毛茶”为原料。茶叶幼嫩未定型，容易吸收药汁。制成的叶身曲卷硬挺，色泽浓黑，药香弥漫，茶汤色泽深褐，香味介于茶与药之间，浓茶的甘醇中还能感觉到回甘。

甘和茶历经了“九蒸九晒”——将各种药材按比例配好，煲两次，然后将药汁洒到茶叶上，等茶叶吸收药汁后，再将茶叶放在晒棚用猛烈阳光晒干，如此重复九次。茶叶性温，药汁偏凉，两者刚好中和。故甘和茶不寒不燥，可以作日常茶饮，又可以预防感冒，还可疏风清暑、清热除滞，对身热骨痛、食滞肚痛及心腹饱胀等均有一定疗效。

▲等茶叶吸收药汁后，再将茶叶放在晒棚用猛烈阳光晒干或烘干

1906年，源氏兄弟在广州市兴隆中街二号开设盒仔茶（甘和茶）广州分店，同年也在香港上环苏杭街120–122号开设香港分店——源广和号，1923年乔迁到乍畏街（苏杭街）112号至今，古方古法的源吉林甘和茶在香港保留了下来。以前的老香港人，就有每天以“甘和茶”当茶饮的习惯。

20世纪50年代中期，内地的源吉林祖铺响应政府号召，实行“公私合营”，后收归“国有”。2017年，为了让更多的人了解和体验源广和盒仔茶（甘和茶）特有的韵味，香港源吉林源广和有限公司受鹤山市龙口镇人民政府邀请回乡设厂，在霄南村生产“源广和盒仔茶（甘和茶）”。

源氏家训要求后人对国家忠贞不贰，对人民慈爱有加；胡人汉人一视同仁，积极倡导民族团结。“源广和盒仔茶（甘和茶）”历久不衰，始终以优质、价廉、疗效好而取信于民、闻名于世。其百年传承的济世为民情怀，正是源氏家族优秀传统家风、家训的生动体现，这份非物质文化遗产也成为国家民族的宝贵财富。

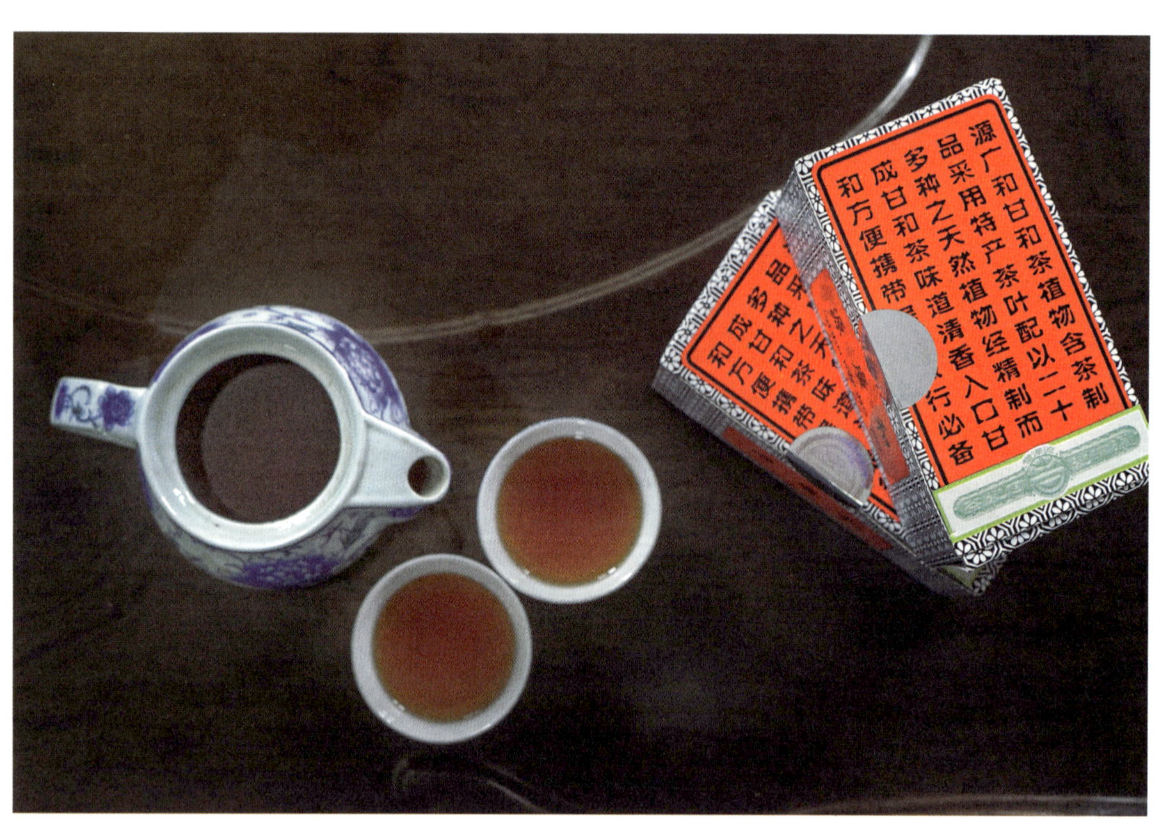

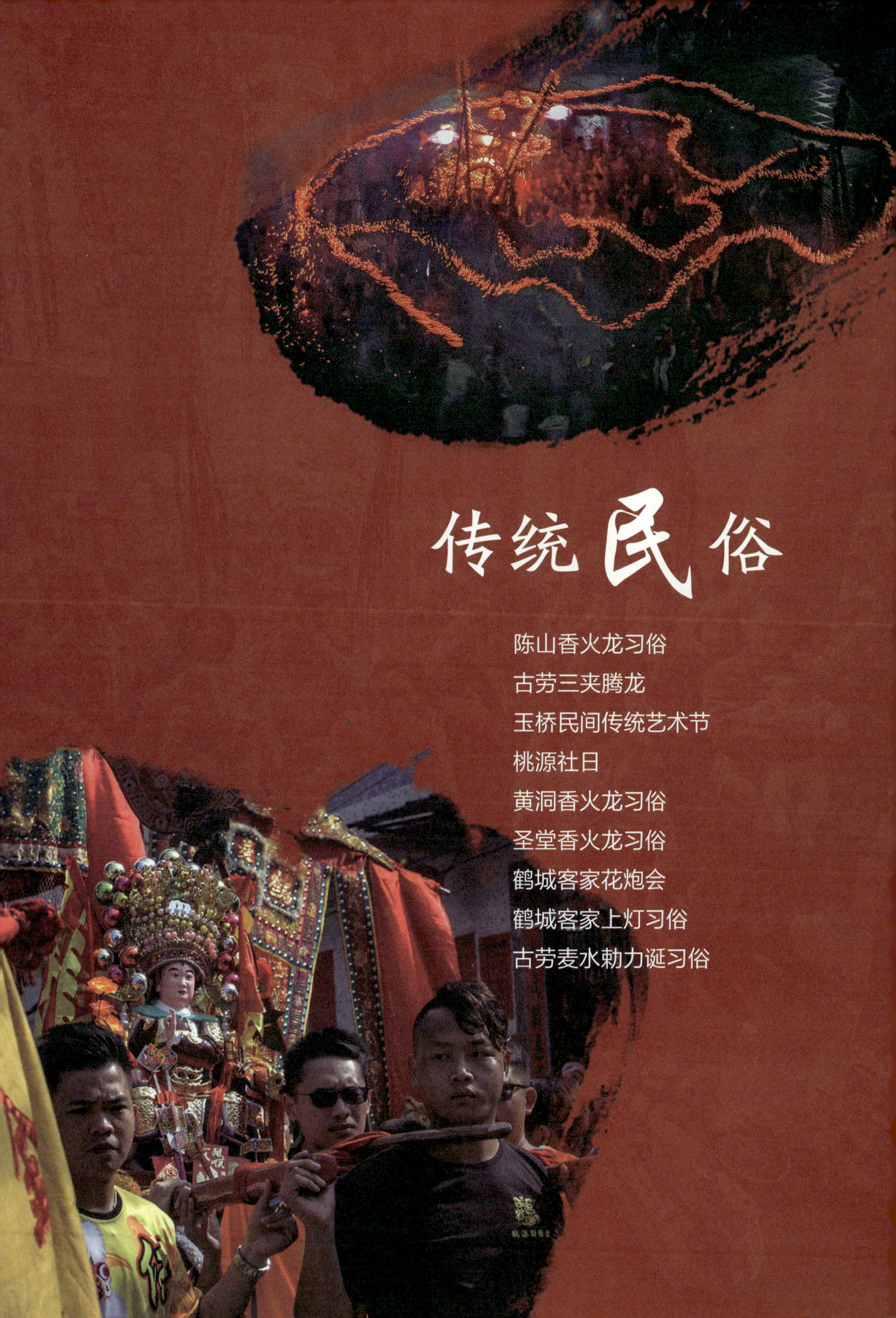

传统民俗

陈山香火龙习俗

古劳三夹腾龙

玉桥民间传统艺术节

桃源社日

黄洞香火龙习俗

圣堂香火龙习俗

鹤城客家花炮会

鹤城客家上灯习俗

古劳麦水勅力诞习俗

陈山香火龙习俗

所在区域：雅瑶镇

入选信息：2007年入选鹤山市第一批县级非物质文化遗产代表性项目保护名录；2009年入选江门市第一批市级非物质文化遗产代表性项目保护名录；2015年入选广东第五批省级非物质文化遗产代表性项目保护名录。

▲陈山村六里之见龙里

陈山村位于雅瑶镇北部，这里是“东亚画坛巨擘”李铁夫的家乡，也是广东省非物质文化遗产陈山香火龙习俗的传承之地。

据说，陈山香火龙源自陈山李氏对先祖的纪念。相传唐德宗建中年间，朱泚谋反，名将李晟带领军队前去平叛。一天夜里，李晟指挥大队人马准备夜袭叛军兵营。忽然，军马停滞不前，李晟忙问何故，众军士跪拜禀告：“前面鬼哭狼嚎，夜行不得，望将军明日再行。”李晟认为战机不能错过，即令军士将田间的麦秆、杂草等割来，扎成一条条草龙状，插上随军带来的香烛，鸣锣敲鼓。李晟的部队，像千百条火龙蜿蜒前进，士气大振，终于大败朱泚，光复长安。唐德宗大喜，封李晟为西平郡王，后又封其第十子李宪为江西观察使、岭南节度使。李宪举家迁往江西定居，成为李氏南迁先祖。

李宪的九世孙李銮于宋徽宗崇宁年间率军自闽入粤，后病故于潮阳（今台山广海）。据《松园里李氏族谱》记载，陈山村“始祖子周，字肖集，号胖庵，友闻祖之次子，……公为始迁陈山乡之祖”。子周是李銮的八世孙，于南宋咸淳年间（1265—1274年）从新宁（今台山）冲程乡迁居陈山村，是为开村之祖，至今已有750年。今龙头里保存完好的六世祖道明李公祠的门联“文章宗北海，功业纪西平”，说明陈山李氏是西平郡王李晟的后人。

为了纪念先祖功德，陈山李氏坚持年年举行舞火龙活动。陈山村有七里，分别名为龙头里、龙门里、龙湾里、龙怀里、见龙里、蟠龙里（松园）和回龙里。从这些地名，可以看出陈山李氏对先祖的怀念之情，也可见村民对舞火龙的热衷。

▲点龙香

作为一项传承数百年的群众性文化活动，陈山香火龙习俗有一套完整的仪式，包括造龙、起龙、大巡游、盘龙、收龙、饮龙酒等环节。

“造龙”又称搏龙。先用大竹筒扎好龙

头、龙尾的骨架，龙头高约5米，龙尾长约6米，骨架外用山草和蕉树皮等包扎，以便插香（龙头插香3500支、龙尾插香1500支）。龙身以麻绳、铁丝作为龙筋，用榕树嫩枝、野草等包扎数层——称“龙肉”。龙身每隔1.5米分成一节，为“龙节”，用树杆或竹竿——称“龙架”——支撑扎牢，供舞龙者操持。龙身长约80~100米，插香约15000支。舞龙时，龙头、龙尾各需十几人操控，龙身每节一人，还需若干替补舞者，一共需要百余人。龙身扎成时，并不起眼，入夜后浑身点燃香火后，方才形神具备。

▲造龙

按照惯例，陈山舞香火龙于每年秋天举行。此时正当农闲时节，秋高气爽，一般于农历八月二十一至二十四前后，一连庆祝三天。第一天晚上 8 点前后，在龙门里最古老的三世祖仲华

▲起龙

李公祠（今陈山小学）门口操场举行“起龙”仪式，村中长者宣布香火龙活动开始，发出“香火汇龙”信号。数以百计的村民，一起拥向早已点燃的木柴堆旁，把手中的一把把香点燃，再一支支均匀地插在绵延百米的长龙身上，此环节称“上龙香”，其中为龙眼上香称“点龙睛”。村民们借此沾龙气，祈求神灵保佑家人幸福安康。只需十几分钟，长龙身上就插满了点点香火，长者高喊一声：“起龙！”所有舞龙者跟着齐吼：“嗨，起！”这时全场灯光齐灭，爆竹齐鸣，锣鼓喧天，十几个村民踏着强劲的锣鼓节拍，首先举起庞大的龙头。龙须、龙角、

▲起龙

▲香火汇龙

▲沾龙气

龙眼在暗夜中被香火勾勒得轮廓分明，栩栩如生。龙身跟着左摆右晃地活动了一下“筋骨”，龙尾也在龙身后面扇着香火闪烁的阔鳍，整条火龙在夜色中活灵活现地舞了起来。

香火龙先以龙头对着公祠正门口拜三拜，之后便开始大巡游。前面有彩灯队，数十名儿童手擎扎成鲤鱼、鸽子、孔雀、飞机等形状的各色纸扎彩灯为先导；接着是龙鼓队和龙珠队，龙珠队由十几个青壮年组成，个个手持直径一米多的龙珠充当“引龙人”；然后才是巨型香火龙出动；队伍的结尾，还有三头狮子殿后（近年来，鹤山沙坪的越塘醒狮也常配合陈山火龙表

▲大巡游

演）。巡游队伍浩浩荡荡，所经之处，家家户户燃放爆竹迎接，沿途围观的群众数以万计。巨大的火龙先经龙门里、龙头里、松园里巡行至陈山村外公路，然后绕至回龙里，折入龙湾、龙怀、见龙三里，返回出发地点。整个巡游约需一小时。第二晚和第三晚的巡游路线不变，但龙身的长度每晚要增加十几米，寓示“龙气”不断增长，村民的生产、生活、生意、人寿也不断增长。

第三晚巡游结束后，香火龙回到陈山小学门口，在操场上进行“盘龙”表演。这时，龙鼓急敲，香火龙在大操场上尽情起舞，上千观众吆喝助威；天上烟花飞舞，地上火龙盘旋，互相辉映，整个夜空都被照亮了，舞龙盛会被推上高潮，观众的热情也达到极点。当龙香快燃尽之际，村民们一起将香火龙浸入村头的鱼塘，叫作“收龙”，又称“放龙入海”，寓示来年顺风顺水，风调雨顺。

▲盘龙

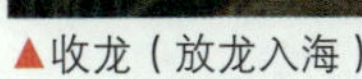

▲收龙（放龙入海）

舞龙结束后，所有参加庆典的人都聚在一起“饮龙酒”。大会餐的主菜是芋仔煮牛肉。村里宰一头牛，派人到各家菜地里挖芋头，家有一丁即挖一箩筐，可多不可少，取瓜瓞绵绵、子孙昌盛之意。除此之外，还有莲藕炆牛腩、炆猪手等菜式，都是用本村土生土长的食材精心炮制的。芋仔牛肉煮好后，全村人聚在一起喝酒会餐，相互祝贺身体健康、来年好运。近年来，因会餐人数增多，村里要宰四头牛，派人分发牛肉到各家各户，让其自行招待亲友。

▲饮龙酒

著名油画艺术家李铁夫是陈山村龙门里人。1946年，他回到阔别59年的故乡，村民舞香火龙迎接他。他感动地为家乡写了一副对联："蟹眼涌泉秋更冷，龙珠赛月夜增光。"上联写的是陈山村蟹眼泉美景，下联则描述他亲眼所见的引龙人在秋夜里挥舞"龙珠"逗引香火龙前进的情景。他还品尝了家乡美食，亲自点了芋仔煮牛肉，借此回味孩提时代参与舞龙的美好往事。2012年10月4～6日，陈山村举行了万人空巷的“李铁夫故里陈山火龙节”，由李铁夫唯一在世的徒弟点燃龙火，龙身长达108米，其间有10万人次前往观看，可谓盛况空前。

陈山香火龙习俗历史悠久，既有纪念祖先的意义，又有益于身心健康，丰富了乡民的精神生活。另外，由于制龙和舞龙都相对简单易学，而舞龙表演又需要大量人员参加，除了能吸引本村居民参加，还能把外出工作生活的乡亲和旅居海外及港澳地区的乡亲吸引回来共襄盛举，由此号召大家共同关心和支持家乡的建设，培养大家积极进取、团结向上、邻里和睦、互助友爱的人文精神。可以说，舞香火龙是陈山村独特的人文景观和最响亮的文化名片，当下的香火龙习俗展现了侨乡富裕文明、和谐幸福的新面貌。

古劳三夹腾龙

所在区域：古劳镇

入选信息：2007年入选鹤山市第一批县级非物质文化遗产代表性项目保护名录；2009年入选江门市第二批市级非物质文化遗产代表性项目保护名录；2015年入选广东省第六批省级非物质文化遗产代表性项目保护名录。

每年农历端午时节，沿着西江堤围走进古劳镇，旖旎迷人的岭南水乡风光跃入眼帘：只见堤内水网交错、河道纵横，小艇穿行其间，两岸蕉林随风摇曳，万亩鱼塘如皓月明镜，千顷桑田似绿海翻波；随着一阵阵有节律的锣鼓声与吆喝声，一艘艘龙舟划驰而过，西江两岸洋溢着欢乐祥和的端午节庆气氛。

古劳龙舟，又称“三夹腾龙”，是鹤山一项深受民众喜爱的传统民俗活动和体育竞技运动，从乾隆年间沿袭至今近300年历史。“三夹”是沙坪河和升平河汇流后在古劳形成的水道，又称三夹河。赛道位于升平河二度桥至三夹桥段，全长1100米，宽100米，平直宽阔，风平浪静，是天然的龙舟赛道。

关于古劳龙舟，当地乡谚唱道:“农历五月，初一起，初二忌，初三初四扒出屎，初五初六扛过基，初七初八沤泥屎。”每年只要对龙拜祭，舞了龙头，“扒”（即“划”）了龙舟，洗了龙舟水，吃了龙舟饭，就会风调雨顺，五谷丰登，人兴财旺。

▲祭龙（河神）

古劳人爱扒龙舟，每条村都拥有自己的龙舟和扒丁队伍。龙舟的名称多以村名命名，如“老仁和”“大埠”“罗江”等；有的以船的特征命名，如新社的“鸡公”、洛社的“白颈”、上升村的“七星”等。目前，古劳镇的八个村委会拥有龙舟队共17支，队伍人数共约1020人；拥有大、中、小龙舟共144艘，其中载60人以上的大龙舟42艘，载42人的中龙舟63艘，载10人的小龙舟39艘；此外还有平时用于训练或小型赛事的7人农艇76艘。

龙舟活动精彩好看，不仅体现在赛道上，从龙舟起水开始就充满着仪式感。

起龙舟在每年农历四月初八进行。这一天，各村村长作为“领头人”，带领村里数十名男丁前往埋龙舟的河涌（俗称“龙床”），先点燃香烛拜祭神灵，敲起锣打起鼓，接着燃放鞭炮，拱手拜过天神、祈求保护村民百姓幸福安宁之后，随着岸上的锣鼓声和师傅们“一二一”的呐喊声，起龙舟开始。待到龙舟安全出水后，把龙舟上的水放干净，村长一声号令，众男丁一起将龙舟举起抬到岸上。龙舟出水后，师傅们把龙舟抬到岸上，将龙舟清洗干净，晾干后抹上油，这称之为“扎龙筋”。

▲起龙

▲上油、扎龙筋

传统民俗

龙舟起水时，另有村民来到祠堂的“龙船屋”，将存放在这里的龙头、龙尾、木桡等送到河涌清洗干净。晾干后，由村中有经验的长者用颜料重新为龙身、木绕画彩，为龙舟点睛，俗称“画龙点睛”。

▲画龙点睛

之后，在村长的带领下，众师傅把龙头、龙尾抬到各村各家进行舞龙头（龙尾）拜祭，人们敲锣打鼓，穿街过巷，互祝平安吉祥。拜祭完后，“扒丁”们便开始吃“百

▲舞龙头

▲包粽子

家饭”，紧接着就进入训练环节（俗称“练桡”）。从农历四月上旬到五月上旬，“龙舟热”持续一个月之久。

▲练桡

▲唱龙舟

赛龙舟是“三夹腾龙”活动的重中之重，最有特色的是“鲤鱼跳龙门”。古劳人在龙舟赛道的起点和终点处都搭起彩楼，俗称“龙门”，龙门两边贴上对联，河中间插上竹竿划分左右水道。比赛开始前，主持人将一尾尾生猛鲤鱼抛入河中，取“鲤鱼跳龙门”的吉祥

鹤山市东古调味食品有限公司
祝龙舟大赛圆满成功
鹤山市宝丽达建材实业有限公司
0750-8988238
宝丽达管业 专业生产
PVC-U给排水管及配件、PPR给水管及配件
注意安全

永远把人民对美好生活的向往
为奋斗目标
yatu雅图·水性漆
水性环保汽车涂

▲鱼跃龙门

之意。接着，参赛的数十艘龙舟列队进入“龙门”，绕场一周向两岸观众致意。

在此仪式之后，就拉开架势，开始“赛龙夺锦”。古劳人喜欢玩对手赛，根据规定，每一场比赛都是两艘龙舟的对手赛。当发令枪一响，两船立即锣鼓齐鸣，扒丁随着“咚咚锵—咚咚锵”的鼓点声挥桨前进。河道上水花四溅，龙船成了出水游龙，如离弦之箭，向终点疾进。龙舟过处，两岸观众齐齐起立，高声呐喊，场面极其壮观热烈。“夺锦”的龙舟队在赛事结束后，全村男女老少齐聚祠堂，招待亲戚朋友，喝酒聚餐，一起吃龙舟饭，气氛极其热烈祥和。

▲赛龙舟

▲赛龙舟

▲睇龙船

▲龙舟饭

农历五月初五之后，一年一度的龙舟赛结束，各村便忙着把龙舟“扛过基”，送回“龙床”，将龙舟掩埋到河涌底。埋龙舟之日，敲锣打鼓，鞭炮齐鸣，村民欢腾。先由村长率领众人在祠堂里举行拜祭仪式，祭奠神祇，保村安民。之后，众扒丁将龙舟抬起，在有经验的老船长指挥下，把龙舟抬到围基的小河涌里，拔起船底的木塞，将龙舟沉入水底，再用木柱固定好。龙头、龙尾、船桨、龙鼓、铜锣等放入祠堂的“龙船屋”里保管起来。“三夹腾龙”活动至此圆满结束。

▲龙过基

▲埋龙舟

在古劳水乡，有众多令人津津乐道的龙舟故事，其中数上升村“老仁和”参加五县联赛“甩尾巴”这一故事最为精彩。相传清朝某年，“老仁和”龙舟代表鹤山参加五县比赛，与南海、顺德、新会、高明同台竞技。扒丁们斗志昂扬，一路领先，素有“一鼓过三湾，三鼓过佛山”之称的顺德队也追赶不上。临近终点一里地时，顺德队终于追上了“老仁和”，两船并排，一时相持不下，连岸上的观众也屏住了呼吸。在比赛趋于白热化时，顺德队夺标心切，其扒丁竟挹住“老仁和”的龙尾，想把“老仁和”往后拉。“老仁和”的掌尾舵手急中生智，迅速将固定龙尾的木栓拔掉，一下子，“老仁和”如脱缰的野马直往终点冲去，一举夺得冠军。顺德龙舟无法取胜，只夺走了“老仁和”的龙尾。至今，“老仁和”木桡上还写着“五县第一”“甘滩夺锦”“独占鳌头”的字样，以示殊荣。

在当代，古劳龙舟同样威猛，曾在第十七届“屈原杯”全国大赛上囊括男子成年组公开标准龙舟200米直道竞速、500米直道竞速和总成绩三项冠军，在“中华龙舟大赛”总决赛中夺得1000米直道竞速冠军。

古劳人民正以龙舟活动为纽带，以洗龙舟水为吉祥幸福事，凝聚海内外乡亲，全力推进古劳水乡社会经济事业建设。

▲▶洗龙舟水

玉桥民间传统艺术节

所在区域：沙坪街道

入选信息：2007年入选鹤山市第一批县级非物质文化遗产代表性项目保护名录，2009年入选江门市第二批市级非物质文化遗产代表性项目保护名录。

▲历史照片

江门有一项比较特别的民间信仰，就是陈平崇拜。在新会会城、司前，蓬江荷塘、棠下以及开平水口，都有侯王庙，里面供奉的侯王就是陈平，而且无一例外都在农历四月二十二举办诞会。这一带的陈平崇拜信仰，最早应该源于鹤山玉桥，当地人不称侯王，而称太尉。

传说在元末，易姓入粤始祖丹阳公的第三代后人顺之公，娶肇庆府招谕使刘桓公之女为妻，桓公是汉室后人，家中立有陈平像。桓公没有子祀，顺之公娶刘女后，就迎陈平像回古冈供奉。顺之公去世后，刘女听从丈夫遗言向北迁移，再寻安家居所。一天晚上，刘女梦见陈平指示说："遇桥即止，乃吉乃昌。"第二天，刘女一行来到玉桥，陈平像突然重起来，无法前进。刘女想起梦中托言，便在当地定居，此地便定名为玉桥乡，并建太尉庙供奉陈平。由于陈平对易姓有功，易姓后人在农历四月二十二举办太尉诞，以纪念陈平。

太尉诞至今已有700余年历史，按传统惯例，从四月初一开始，由十个坊（宣义坊、仓边坊、大夫里、仁厚里、植桂坊、龙潭里、乔莺里、乔新里、大有坊、上上里）轮流接陈平像回村供奉两天，到四月二十二日当天进行巡游。后因植桂坊人口较少，与仁厚里合并，演变为九坊活动。中华人民共和国成立后活动停办，到20世纪80年代初恢复，更名为"玉桥民间传统艺术节"。

按原来旧制，每年三月最后几天，由太尉庙发帖给各房的值士、族老，邀请来太尉庙开"龙狮会"，商议庆神事宜。到会人通过在神像前抓阄，决定当年各坊的庆祝顺序。

到四月初一，抽到开首的坊就组织村民敲锣打鼓、举旗舞狮、燃烧鞭炮，到太尉庙恭迎陈

▲四月二十二日，陈平诞辰之日，玉桥乡全体村民集中在玉桥三世易公祠左边的大地堂里庆祝，烧香许愿，请太尉神像，进行大巡行

平神像，把陈平神像抬回村，这一过程称为“菩萨下庙”。然后按抓阄顺序，各坊依次将神像接回本村供奉庆祝。

排在最后的坊除了供奉神像之外，还要把神像抬回太尉庙，称之为“菩萨返庙”。此

时，各坊都已做好准备工作，在坊前搭起神棚。在四月二十一、二十二两天，玉桥九坊村民再次抬出神像，在九坊范围内巡游。

巡游的队伍非常庞大，有专门为太尉准备的仪仗队，包括在前头开路的“肃静”“回避”牌匾，为神像护卫的兵勇队伍，还有各式罗伞、大旗。除此之外，为了助兴，各坊还会请来飘色（一种融戏剧、杂技、音乐、舞蹈于一体的古老的传统民俗艺术，属于社火表演艺术形式之一）、配上八音锣鼓。巡游队伍除了本坊村民之外，还有从各地赶来的易姓分支宗亲，少则一千，多则数千，场面蔚为壮观。队伍浩浩荡荡地在各坊内巡游，巡行完毕，又转到沙坪游行，队伍经义学路、永安街，最后由北街口经水东围旧涌口回村。

▲龙飞凤舞

巡游结束后，各坊便“烧炮头”庆祝（烧炮头是一项民间烧炮竹以驱赶晦气的活动，活动中常有争抢炮头的内容，详见《鹤城花炮会习俗》一节）。其中以仓边村最为盛大，各村齐聚村前祠堂，以团队形式争抢炮头，其激烈性不亚于现代体育的橄榄球比赛，围观者则外三重里三重，一阵阵的欢呼喝彩声此起彼伏。

各村还要搭建神棚迎神。据当地老人介绍，仓边村的神棚搭得最大、最讲究：神棚正中安放陈平的神像，神前放着神香宝烛及果饼祭品，棚内四周挂着上千盏七色洋灯垂的彩灯；神棚四边挂上一幅幅形象十分生动的历史彩色绘图；神棚东侧则摆着各式盆景和花木，配上嶙峋怪石、假山，把大自然的景致浓缩在一起。

每当此时，仓边河上便停泊着多艘货船，供各炮会成员节日欢饮及开展活动。炮头一般由九人组成（寓意长长久久），货船上竖起一根十多米高的桅杆，杆顶挂上一面绣有“堂”的三角彩旗，万国旗及红、蓝、绿、紫、橙色的小彩灯，分别从桅杆顶牵垂到船头。船头、船尾分别吊挂两串彩灯、两排彩旗，船头前挂上绣有“堂”的横幅，以大灯笼装饰。

巡游完毕，各村家家户户便准备好丰盛的晚餐，款待亲戚朋友，一百几十围齐聚一起，边吃边谈，场面热闹非凡。聚餐完毕，请回来的大戏团便粉墨登场，开演粤剧大戏。村民扶老携幼，戏棚前人山人海，随着大戏开锣，节日气氛也进入高潮，大戏一连演几晚，直至庆神活动结束。

改革之后的玉桥民间传统艺术节，将抬菩萨、刀具剑戟卫士队、烧炮头等活动内容去掉。在香港宗亲支持下，重新购置金龙、银龙共6条，成立舞龙队伍，为活动增添了一大亮点。

现在，玉桥民间传统艺术节已成为鹤山优秀的民间文化代表之一，也是联结海内外乡亲的重要纽带，市委市政府对该项目的传承保护十分重视，以大型活动表演为载体向广大群众展示玉桥民间传统艺术节的魅力。

▲参加庙会

桃源社日

所在区域：桃源镇

入选信息：2007年入选鹤山市第一批县级非物质文化遗产代表性项目保护名录。

▲桃源早期举办社日的历史场景

说起社日，人们可能会想起陆游的《游山西村》：“莫笑农家腊酒浑，丰年留客足鸡豚。山重水复疑无路，柳暗花明又一村。箫鼓追随春社近，衣冠简朴古风存。从今若许闲乘月，拄杖无时夜叩门。”所谓社，就是土地之神。中华民族作为农耕民族，对土地神有种先天的敬畏，从三代起就进行祭祀，后代逐步完善，成为社日，至唐宋时期达至鼎盛。

社日分为春社和秋社，一般而言，立春后第五个戊日为春社（一般在农历二月初二前后），立秋后第五个戊日为秋社（约在农历八月）。春社侧重于“祈”，祈求风调雨顺、五谷丰登；秋社侧重于“报”，感谢上天给予好的年成，让生民安居乐业。在古代社会，从朝廷到民间都非常重视社日，天子带头对社稷之神进行祭祀，政府比较看重春社，而民间则更看重秋社。在民间，社日有分食社饭、聚宴喝酒的习俗。有人说，在社日达到顶峰的宋代，社日相当于狂欢节，人们在此日会相聚喝酒、扶醉而归。因此，那个时代留下了相当多关于社日的诗篇，上述陆游的诗就是其中的一首代表作。

具体到桃源社日，据说已有近500年的历史，也分为春社与秋社，但日子并非固定在五戊日，而是在此前后，一般而言春社是从二月初一到初九，各个乡村轮流办社日，如三富在初二，蟠龙在初三、初四，禄洞在初六，蟠光在初九等。之所以有这种变通，估计是为了方便村与村之间的人员交往和物资交流。每逢社日，全村的亲戚都会到此村聚会，各村轮流办社日，就基本能把亲戚都走一遍了。

举办社日时，家家户户会拜祖先、拜社公。除此之外，还会做专门的食品，这些食品包括白水角、团糍、糍必、狗仔蛹（用面粉制作，两头尖，似蚕蛹，故名）、茨菇（也是用面粉制作，似植物的茨菇，故名）、茨丸（与茨菇类同，只是形状如丸）等。其中，白水角最为讲究，会有肉、粉葛等馅料（其制作可详见《黄洞米点》一节）。这些食品有不同的寓意，团糍寓意团团圆圆，糍必寓意顺顺利得，狗仔蛹寓意有生气，茨菇、茨丸寓意添丁生女。

亲戚来拜访，必定会吃这些食品，拜访结束之后还会带一些回家，所带品种和数量各处有不同，像禄洞就必定要带8只白水角，而蟠龙则必带茨菇、茨丸一对，有些地方则要带够全家人数量的食物，故而可能会挑着一担食物满载而回，用当地话说就是“又食又拎（广府方言，拿

的意思）”。

除此之外，有实力的村在晚上还要办社戏，全村人齐聚观看，热闹非凡。

社日之所以兴盛，主要由于当地在农业经济主导下，需要通过祈神保佑一年风调雨顺，也需要有比较合适的日子进行人员、物资方面的交流。据老人们回忆，每当社日，桃源的墟镇上人来人往，比过年还热闹，外嫁女拖儿带女回娘家，一家人庆叙亲谊，气氛热烈而温馨。而此日能够吃到平时难以吃到的美味食品，也成为不少人儿时的美好记忆。

有意思的是，当地的社公（旧谓土地神，亦称社神）都会根据所在社而命名，据沐河的退休医生区沃泉回忆，坑尾叫安宁社，北古叫兴隆社，小坑叫回龙社，黄岗叫龙湾社，上陂叫汇源社，拱辰叫升平社。

此俗在“文革”时停办，改革开放后复苏，曾经兴盛过一段时间。但随着人们生活水平的提高，以及交流途径日益便捷，通过特别的日子进行交流的需求日渐降低，举办社日之风也就逐渐变淡，但当地在此日做应节食品之俗仍然保留，人们仍习惯在此日回家团聚，一家老少共享天伦之乐。

黄洞香火龙习俗

所在区域：雅瑶镇
入选信息：2017年入选鹤山市第二批县级非物质文化遗产代表性项目名录。

位于雅瑶镇西北面3公里的黄洞村，环境优美，民风淳朴，文化气息浓郁。南宋绍兴元年（1131年）黄姓先祖从南雄迁居到新会杜阮，咸淳年间，再迁至此开村。因村庄位于虎穴之地，村民姓黄，故称黄洞。

舞香火龙是黄洞村传统的习俗，已有200多年历史，每年农历八月二十八和二十九举办。活动承载着村民美好的寄托，通过舞龙祈求风调雨顺、五谷丰登。

香火龙的扎制由全村人一起完

▲ “起龙”仪式开始，村民们纷纷点燃香烛，分别在龙头、龙身、龙尾上插满香火，祈求一年风调雨顺

成，由于对技艺的要求并不高，村里人都可以参与其中。每年火龙节前夕，村民会放下手头的工作，齐心协力为火龙扎制做准备工作：男人们上山砍山草和蕉树皮，用以包裹龙骨；妇女们则聚在一起，将定制回来的线香头削尖，便于插入树藤包裹的龙身之中。虽然制作的过程枯燥而辛苦，但也是村民们聚在一起的好机会，大家聊着家常，时间过得特别快，能为村里的集体活动出一份力，也是乐在其中。

香火龙整体结构分龙头、龙身、龙尾三个部分，龙头龙尾先用大竹扎成骨架，高约5米，重300多斤，需要6人合力抬起，骨架外再用山草和蕉树皮等包扎，以便插香。龙身以麻绳、铁线作为龙筋，用百花藤扎成，每隔1.5米分成一节，用树杆或竹竿支撑扎牢，供舞龙者操持，节节相连，节节活动，可根据舞龙人数多少增减节数，通常总长约80～100米。龙身扎成后，白天看样子不甚起眼，可是晚上插上千万支线香，星星点点的火头呈现出巨大滚圆的龙身，就显得异常壮观。

按民间说法，龙有公龙、母龙之分，黄洞村的便是公龙，每年舞两天，隔壁的陈山是母龙，在黄洞之前舞三天（参见《陈山香火龙习俗》一节）。据村人介绍，两条龙的区别在于眼睛，公龙用两支手电筒作为龙眼，而母龙则用线香。

舞火龙仪式始于傍晚时分，在鼓乐声、鞭炮声中，由村里德高望重的长者为龙头插上头香。随后，村民们将特制的线香均匀插满龙身。据说，在插香过程中就能沾上龙气，获得神灵

保佑。

起龙后，由小孩子们举着鱼仔、虾仔、蟹仔形状的灯，走在前面引龙，依次拜祭聚龙门、祠堂、门楼、小石渠、社公等地，然后舞出公路，入江夏山庄、绕村道、环后山，再到广场进行盘龙，整个过程热闹非凡，场面蔚为壮观。舞完之后，把龙送到村子里的池塘边，举行祭祀仪式后，把龙放进水中，谓之“送龙”，有“龙归大海”之意。舞龙结束后，全村人聚在一起“饮龙酒”。

舞动的香火龙是黄洞人心中最美的记忆，多年前的村庄未有大规模开发，香火龙还爬上村边的一座小山，夜幕之下，满身火光的巨龙犹如在半空中盘旋、飞舞，随着舞龙者的摆动，形成流线型的火光，在山下远远观望，只见香火不见人，龙形显得尤为清晰和壮观。行至池塘及水田边，香火龙将万点火光倒映水中，既雄壮，又轻盈，阵阵香烟随风飘动，整条香火龙像在腾云驾雾，仙气十足。

舞龙活动最怕的是天公不作美，广东地区气候多雨，而香火遇水则灭，活动就不能如期举行。但活动延续多年，从未因天气原因而中断，每到舞龙时节，总是艳阳高照，晴空万里。据村里的老人说，有一年确实是赶上了倾盆大雨，但神奇的是，锣鼓声一响起来，雨就停了，大家都极为高兴，马上摆开阵势舞龙；待舞龙结束，村民们将龙架子插回去后，又开始下雨。自此，村民们心中对龙的精神及舞龙的习俗更加信奉。

如今，黄洞人骨子里依然延续着对香火龙的喜爱，代代传承，香火龙也以其独特的艺术魅力，感染和征服了无数观众，使人们在欣赏的过程中得到美的愉悦和享受。人们赋予它的意义也不仅是驱灾避邪、保佑平安，随着时代的发展和村文化的繁荣，舞香火龙的习俗更代表着人心团结，代表着海内外黄洞人对家乡的牵挂，也是村民庆丰收、度佳节、迎远客、颂太平的一种娱乐方式。

▲火龙从村里的中心公园出发，绕村道，环后山，再到公园广场进行盘龙表演

圣堂香火龙习俗

所在区域：雅瑶镇
入选信息：2017年入选鹤山市第二批县级非物质文化遗产代表性项目名录。

鹤山市中部有一座海拔600多米的昆仑山，整个雅瑶镇均在昆仑山以东，全镇几乎村村都有火龙，当地人统称为大昆东火龙。各村大多在中秋、国庆期间举行舞龙活动，其中圣堂坊的香火龙独具特色，是传统文化向现代文明转型的一个典范。

圣堂坊很早就有舞香火龙的习俗，在中华人民共和国成立后曾停止，直到2008年复办。当地人适应时代需求，不再按农历排期，而是改在公历10月1日、2日国庆假期举行，让大家每年都有充裕时间参与庆祝。

圣堂香火龙的最大特色是舞龙之前要烧关塔。关塔，又称番塔、瓦塔，是用规格相同的红砖砌成类似单筒烟囱的形状，以作烧柴草、放鞭炮和烟花之用。中秋烧关塔的习俗在我国广东、广西、福建等地都有，相传与大宋军民的抗元斗争有关。靖康之难后，宋室南渡，中原遗民大量迁往南方，大家相约于中秋起事，以烧关塔为信，其作用类似于烽火台。后来大宋虽然灭亡，烧关塔却作为民间习俗保留了下来，寄寓百姓对兴旺红火、吉祥如意生活的美好追求。

▲“起龙”仪式开始，村民们纷纷点燃香烛

▲盘龙表演

圣堂坊前有一个小广场，关塔就搭建在广场左上角，高约 3 米，下粗上细，砖与砖之间错落有致地留着空隙，方便烧火时透气透光。村民们先将干柴草塞入塔中燃烧。熊熊的火光从空隙中和塔顶上透出来，象征日子红红火火。村民们受到吸引，纷纷围聚到广场上，把可以助长火势的粗盐，以及鞭炮、烟花等用力抛向塔中。冲天的烟花和响亮的鞭炮声把隔壁村的村民和过路的行人都招引过来，大家都参与到烧关塔的活动中，气氛越来越热烈。

▲烧关塔

传统民俗

火龙是白天扎制好的，分为龙头、龙身和龙尾三部分。龙头高约3米，用粗如儿臂的竹竿扎成倒三角形。然后在靠近下方尖角的位置扎两道平行的弧形横杠，外面包上宽大厚重的蕉叶，在插满点燃的香以后，这个造型远看就是火龙方而阔的大嘴，十分有生气。在横杠上方左右对称的位置，以及横杠下方正中，插三大把捆好的香，这就是火龙的双眼和鼻子了。整个龙头的竹竿上都包有蕉叶，方便插香。龙身长约五六十米，每1.5米为一节，以粗铁丝为龙筋，每两节之间用麻绳连接，这样舞动起来既稳固又灵活，体现出劳动人民的智慧。龙尾以粗竹竿为主材，扎成三叉形状，很像鱼尾巴，长度约3米左右。

当烧关塔接近尾声的时候，村民们也差不多聚齐了。九点左右，舞火龙正式开始。第一步是"起龙"仪式。大家拥到广场上，手持事先定制的线型龙香，到指定地点点燃后，分别插到龙头、龙身和龙尾上。为了方便插入蕉叶、藤条之中，每根龙香的竹芯尾部都是削尖的。

龙头是整条火龙的精髓，村民们推举出一位德高望重的人，在龙头插上第一炷香，之后其他人可以自由插香。密密麻麻插满龙香的龙头，在暗夜中形神毕肖，舞动起来虎虎生威。眼睛上的香，通常是明火，有时也在顶端燃两根红烛，远远望去，龙眼炯炯有神。两只龙角之间，扎上红绸大花，很是喜庆。由于龙头大而重，需要十余个青壮年劳力，手持固定在龙头背面的竹竿，方能舞动起来，龙尾比龙头稍轻，也至少需要五六个青壮年操纵。第一天晚上的龙身一般是33节，到第二天增加为38节，寓意福寿绵长。

龙身全部舞动起来后，就开始巡游了。火龙从奕兰书室门前的广场出发，游遍所有村道，环绕村后的乌紫山一周，最后回到广场。在巡游中，若干服装统一的儿童手持内有灯泡的红色鱼灯，在前面开路。随后是三个大龙珠逗引火龙前行。龙珠以一束束的线香插制而成，外形像一把伞的骨架，下方手持的竹竿有如伞柄。待龙香全部点燃后，三个小伙子在头顶、身侧乃至环绕周身用力一圈圈甩动龙珠。在秋夜的微风中，龙香燃烧很充分，龙珠就特别显眼，十分美观。在鱼灯和龙珠的带领下，巨大的火龙开始摇头摆尾地游走。龙头忽左忽右；龙身上下翻飞，偶尔有几节撞击到地面，溅起满地火花，格外好看；龙尾则上下左右摇摆，甚至360度旋转，很有力量之美。当巡游来到广场侧面的池塘边时，岸上一条火龙，水中一条火龙，互相辉映，令人顿生蛟龙腾跃出水的错觉，蔚为壮观！

活动连续举行两晚。第二晚重新垒关塔，插香，巡游。到第二天盘龙完成后，村民们抬着龙头和龙尾，放进广场边的小池塘里，叫作“放龙入海”。据许慎《说文解字》，“龙”的习性是“春分而登天，秋分而潜渊”，可见这项仪式是有依据的。

圣堂坊的火龙还有一个特点，就是舞龙不舞狮，附近其他村举行醒狮巡游时经过圣堂坊地界也会暂停下来。这大概是出于某种祖上传下来的禁忌，据说位于圣堂坊东北方向 3 公里处的隔朗村，就因舞狮之后村中总会有耕牛死掉而禁止此项活动。

圣堂坊祖辈传下来的舞火龙习俗，既代表着村民们祈求风调雨顺、幸福安康的美好愿望，也代表着团结和睦、包容进取的新农村精神，同时还能起到强身健体、丰富娱乐文化生活的作用，体现出传统文化向现代文明转型的新风尚。

鹤城客家花炮会

所在区域：鹤城镇

入选信息：2017年入选鹤山市第二批县级非物质文化遗产代表性项目名录，2020年入选江门市第八批市级非物质文化遗产代表性项目名录。

“庙会一开，八方来拜，敬神上香，祈愿还家。”这是客家人的一句古话。鹤城镇是鹤山市客家人聚居最多的城镇，这里有一项客家人代代相传的重要传统习俗——客家花炮会，该活动从每年的正月十五开始，在各大村落依次举行，直至三月初三水浪村的北帝庙会后，才缓缓落下帷幕。比较有名的是“小官田花炮会”“城西刘三姐花炮会”。

“小官田花炮会”是目前鹤城镇最大型的花炮会。在康熙年间，客家人钟氏三兄弟带领族人移居到现小官田属地、坑尾村属地等地开村立户，建立了樟树下、作求等村落。为了纪念建村，护佑一方平安，当地百姓合建开村祖庙，恭请“关帝”入驻，并于每年正月十六举行花炮会供拜，至今近300年历史。相传，鹤山建县首任县官黄大鹏每年都率本府官员前来小官田关帝祖庙进行拜祭。

“城西刘三姐花炮会”也有200多年历史，鹤城镇城西村委会下辖的16条客家村及鹤城村委会西门村、龙口镇客家村等每逢正月十九都会举办刘三姐花炮会。

同时，鹤城五星、禾谷、万和等客家村，分别供奉天后娘娘、社稷爷、皇佛爷、大王爷、江口爷、洪圣爷等神灵，每年均会举办各具特色的花炮会。

花炮会流传至今，每年都会吸引当地百姓、海内外乡亲的热情参与。传统花炮会主要有祭拜、接炮、还炮、抢炮等流程仪式，具有祈福、年庆、聚会、联谊等寓意。活动当天，全村男女老少、海内外乡亲欢聚一堂，共庆新春，共话乡情，祈愿风调雨顺，人兴财旺，家庭幸福，福寿绵长。

▲接炮

各村花炮会举行的时间、地点不同，流程仪式大致相同，以小官田村花炮会为例，每年正月十六上午，各村乡民首先集中到村中祖祠前，摆放烧猪、酒、香烛等祭品，向天地拜祭，敲锣打鼓，燃放鞭炮，祈求神灵保佑幸福安康。

▲上下图为接炮。由村长带领，乡民挑着盒箩，舞动醒狮，步行到供奉花炮头的村民家中，由村长接收去年抢到的花炮头

传统民俗

▲接炮

乡民拜祭天地后，由村长带领，乡民挑着盒箩，舞动醒狮，步行到供奉花炮头的村民家中，由村长接收去年抢到的花炮头（花炮头是吉祥如意的象征，通常用竹子、纸等包着火药做成，或直接使用鞭炮头。“抢炮头”指各村争抢花炮头，祈求好运，是花炮会的重要环节，详见下文），将其接回祖祠让乡民拜祭祈福，然后将花炮头及关帝画像花牌摆放在神龛里，准备送到关帝祖庙进行还炮。

接下来的还炮仪式，保留了浓厚的客家文化特色。仪式开始，各村还炮队伍由一面大铜锣走在前头开路，名为“鸣锣开路”，乡民扛着各式旗幡跟随；旗幡之后是由未婚男丁抬着摆有供品的供桌，供品中有一只大红烧猪和一只大生猪，这是客家习俗，有生有熟，意为富有；紧接着是抬着供奉花炮头、关帝画像花牌的神龛。最具特色的是多名村妇头戴统一的草帽、腰系统一的围裙，各挑着当地村民称之为“箩篋”的盒箩，箩篋内装有橘子、甘蔗、鸡、肉、年糕、茨菇、油灯等年货制品，每个箩篋外面还要摆上一棵生蒜，意为“好合算”“易打算”。

还花炮队伍浩浩荡荡，旗幡招展，经过各村各家门口时，家家都燃放爆竹迎接，场面非常热闹。到达小官田后，乡民抬着供桌、祭品、神龛，挑着盒箩进入祖庙内，摆放好各种祭品，按各村的传统进行祈福拜祭。拜祭后，将花炮头及关帝画像花牌送回小官田关帝祖庙，等候重新抽签确定新一年的炮位。这时，龙腾狮舞，人们从四面八方拥进祖庙前的小广场，人头攒动，鞭炮齐鸣，锣鼓喧天，还炮仪式进入高潮。

▲举行花炮会当天，小官田祖庙人山人海，热闹非凡

最后进入激动人心的抢炮仪式。当天下午，由各村派出代表集中到小官田关帝祖庙，由长者在16张红色小纸片上写上炮位的号码，然后由各村代表进行抽签，确定新一年的花炮排位，夺得头炮即预示赢得一年的好运气，所以各村均摩拳擦掌，志在必得。

▲村民抬着炮山经过各村各家门口时，家家都燃放爆竹迎接，场面非常热闹

▲在小官田祖庙广场进行舞龙舞狮表演

▲人们抬着祭品，舞着狮子到祖庙还炮

▲各村还炮队伍巡游到祖庙进行还炮仪式

现在的花炮一般由炮山（不同村落习俗不同，可以是神灵画像、钟或假山）、花炮头和香炉组成，再安放于请神轿（有些村落没有请神轿，直接由人手捧炮山、炮头和香炉）上面。最初的花炮，是一个铁制的炮弹，共设16个花炮，按头炮、二炮、三炮等顺序依次放炮、抢炮，

▲祈福

▲还炮

抢得头炮的人即“炮主”（俗称抢炮头），是最幸运的人，全村人都要锣鼓欢送。但出于文明安全考虑，避免抢花炮时发生争吵，现在小官田、城西等地的花炮会已逐渐演变成通过竞投与抽签的形式进行，“炮主”会得到一个花炮头和一幅神灵的画像花牌，上面注明第几炮，由各村接回村中供奉。仪式虽然没有以往激烈，但多了文明与和谐，仍然有很大的吸引力。

鹤城客家花炮会持续时间长，活动形式丰富，各村供奉的神灵不同，还会融入本村特色，使得鹤城客家花炮会更加异彩纷呈。例如，中部的城西村委会下辖的浅塘村等16条客家村及龙口客家村举办的“刘三姐花炮会”融合了客家山歌、客家舞蹈等客家传统文化元素。正月十八晚上，村民会聚集在浅塘村刘三姐庙广场举行大围餐，之后举行烧花炮、唱客家山歌晚会；正月十九再举行纪念刘三姐诞辰的刘三姐花炮会。北部的坪山水心洞村、坪山红村、万和新村排村花炮会有会狮的习俗，村与村之间坚持“你来我往”的传统，互相发请帖，邀请其他村前来参与抢花炮，促进村与村之间的互动交流。南部的南星五育联队、南星茅坪村花炮会侧重彩

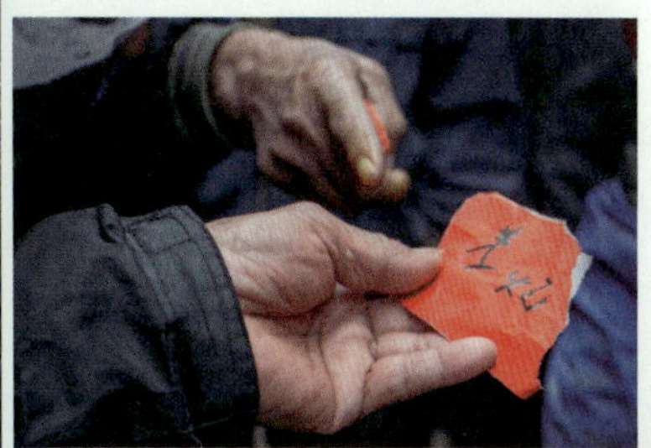

▲投炮

头、注重彩礼，通过举办农民传统节庆活动，如“抛鹅”“烧鞭炮”、抽奖等，把节日礼品送给村民，寓意让村民把福气领回家。

鹤城客家花炮会弘扬了鹤城客家人的民俗传统文化，传承了本族群的内在精神品质，以聚庆凝聚人心、和睦邻里，以乡情带动乡亲支持家乡建设，以庙市促进当地农业经济发展，推进了文明乡风建设，助力乡村振兴。

▲聚餐

鹤城客家上灯习俗

所在区域：鹤城镇
入选信息：2017年入选鹤山市第二批县级非物质文化遗产代表性项目名录。

农历正月初十，早上7点多，鹤山市鹤城镇禾谷田心村就开始热闹起来了，到处洋溢着喜庆的氛围。新添了男丁的家庭全家出动：爷爷带上花灯或跑马灯（以前为香油灯），奶奶挑着“一担箩”——里面装有元宝蜡烛香、鸡、酒、水果、一筒碗（10只）和一扎筷子等祭祀祖先的祭品，父母抱着刚出生不久的男婴，高高兴兴地前往村中的钟氏祠堂，准备为新添的男丁举行隆重的上灯仪式。

客家俗语云：“夫灯者，登也，进之兆也，丰登之象也。又俗以灯为丁，盖火旺而丁发矣。”

“上灯”，又称“点灯”“升灯”，是客家传统习俗。在客家方言中，“灯”与“丁”同音，“灯”是“丁”的象征物，“上灯”代表了新生、添丁。悬挂起的每一盏“灯”都代表了一位男丁，预示香火延续、人丁兴旺。祭祀祖先就是告知先祖族中又添新成员了，祈求祖先保佑孩子健康成长。用点灯照亮祖宗牌位，寓意“光宗耀祖”，教导子孙恪守家风祖训，坚持耕读传家。鹤城的客家村落至今保存着这项历史悠久的客家民俗，其中以禾谷田心村的上灯习俗最为热闹，至今已有250多年历史。

福

▲由长者按男丁出世的时间先后排好上灯顺序

▲父母抱着新生男婴依次排成一队拜谢天地

上灯习俗包括一系列隆重的仪式。农历正月初六到初十（各村时间不同），当天辰时(早上7时至9时)，客家村落中新添了男丁的家庭就会带着灯、祭品，抱着新生的男婴前往祠堂集中。村中各户男丁家庭和宗族叔伯长辈都到达祠堂后，各户摆放好祭品，仔细做好上灯仪式的准备工作。到巳时（早上9时至11时），由村中德高望重的长者主持隆重的上灯仪式。

▲各家带上祭品在祖祠门口拜祭天地

各个家庭首先奉上元宝蜡烛香等祭品“敬祖谢天地”，父母抱着新生的男丁依次排成一队拜谢天地，然后向列祖列宗祭拜三下，以表尊重，上香后各自向祖宗汇报宗族里添丁的喜讯。再逐一按辈分祭拜长辈，长辈向新生儿派“利是”（即“红包”），祝福孩子健康成长。

随后各户把写有男丁名字的红纸交给长者，由长者把男丁的名字按照出生时间的先后顺序逐一写进族谱里。长者还会将新添男丁的名字写在一张大红纸上，张贴在祠堂里，向全宗族分享添丁的喜讯。

上灯仪式正式开始，升灯前，各户将灯点起（当代则改为插上电源），使灯保持明亮，长者强调长幼有序，按照男丁出生的时间先后，排好上灯顺序，然后按顺序把各户家庭带来的灯正式悬挂于祠堂的上厅、祖宗灵牌的前方。灯先在祠堂挂一个月，向祖宗传达添新丁的喜讯，祈望香火绵延不断，祈求祖先保佑孩子安康。期满后各户男丁家庭将灯自行拿回家中，通常会在家中继续悬挂一年或更长时间。

举行上灯仪式的同时，祠堂内外鞭炮齐鸣、锣鼓喧天、醒狮舞动，场面十分喜庆热闹，大有“一家添丁，全村庆贺”的气氛。新添男丁的家庭还会带上祭品和男

一呼百吉

一年四季

丁到附近的社公（在客家人心中，社公被认为是主持一方风调雨顺、人畜平安的神）进行祭拜并告知其新添男丁。

在客家文化里，举行上灯仪式后，男丁就正式成为宗族的成员了。到午时（中午11时至下午1时），各户会摆上酒席，盛情款待宴请村民和亲朋好友。有些仪式隆重的村社，如禾谷田心村，安排的酒席甚至多达100多围。参加上灯仪式的既有本村的亲朋好友，也不乏从外地赶回来的乡亲。一家添丁，四面八方的亲朋好友都前来贺喜，共济一堂，向添丁家庭表达美好的祝福。如果是移居外地的客家人，也会在添丁后会特意回到家乡举行上灯仪式。

客家人具有浓厚的崇祖敬宗思想。在客家宗族里，凡是男丁都要举行上灯仪式，一生只有一次机会，即使部分村落没有祠堂，添丁的家庭也会在家中的祖宗牌位前点灯。同时上灯仪式讲究“成双成对”，如果当年只有一名新添男丁，就不进行上灯，会留待第二年再与其他新丁一起举行上灯仪式。

上灯习俗是新丁进入本宗族大家庭的一个重要仪式，被认为是客家人一个重要的人生礼仪，也是客家传统文化的重要载体，充分体现了客家人崇敬祖先的传统。通过上灯，祈求子嗣繁盛，强化宗族意识，维系了宗族内部团结。

東成西就

古劳麦水勅力诞习俗

所在区域：古劳镇

入选信息：2020年入选鹤山市第三批县级非物质文化遗产代表性项目保护名录。

▲ 1949 年游神活动的戏棚

每年农历二月初六，麦水村任氏族人都会举行盛大的勅力诞游神活动。据《任氏族谱考（暨鹤山麦村史略）》记载，南宋时，任氏族人随六十世祖任复，带领族人定居在鹤山麦村（麦水村旧称），距今已有近800年的历史。勅力诞纪念的是任氏十三世祖，东汉云台二十八将之一的任光。

根据《后汉书》记载，任光协助东汉光武帝刘秀一统天下，为重振汉室江山立下汗马功劳，被封为“勅力元帅”。相传任氏族人在定居麦村后，在村内圣塘咀岗岩边拾获先祖任光的灵牌。村人皆认为此乃先祖显灵的祥瑞之兆，便在岗岩边建造庙宇，供奉勅力元帅任光，将其忠诚爱国的精神世代相传。勅力庙曾于清乾隆二十一年（1756年）首度重建，可推断其历史至少有260年以上，此后因倒塌又分别于1988年及2004年两次重建。

游神活动一般于农历二月初一开始。初一当天，族人将任光神像从庙中请出，在村中5个宗祠轮流供奉一晚。游神活动于二月初六下午1时开始。开始前，由族中夫妻双全、四代同堂的最长者，向勅力元帅神像供奉第一炷香烛。此后队伍从宗祠出发，抬着神像在村内绕行一圈。

巡游时，队伍最前方由两人敲锣引路；后有四人抬神像，寓意做人四平八稳；再后，有一人持罗伞，一人扛帅旗，罗伞寓意庇佑后人，帅旗寓意步步高升。敲锣、抬神像、持伞及扛旗人员均为父母双全的已婚男丁，在他们后面还有人扛着三角大旗、彩旗、醒狮团及大量的村民跟随。巡游期间炮竹声、锣鼓声不间断，勅力元帅所到之处，村中祠堂、里坊均设案，以金猪、银猪、香烛供奉，鸣炮祈福，祈求风调雨顺、国泰民安。巡游时间一般持续近 4 个小时，在下午 5 时将神像送归勅力庙，整个巡游活动才告终。

▲ 1949 年游神的场景

除每年的游神活动，每隔十年麦水村还会举办一场盛大的打醮活动，称之为“十载酬恩”，以感谢敕力元帅的庇佑。打醮活动在农历正月初十举行，当年不再进行游神活动。其间村中搭建醮棚，于正月初八下午2时将勅力元帅从庙内迎接到棚内，由道士进行诵经。正月初九下午，麦水村中所有出嫁的女儿必须离开娘家，正月初十方可回来参与活动，而所有任家媳妇必须正月初九下午都回到夫家。正月十一、十二两晚还要请戏班唱戏演出，娱乐乡民。

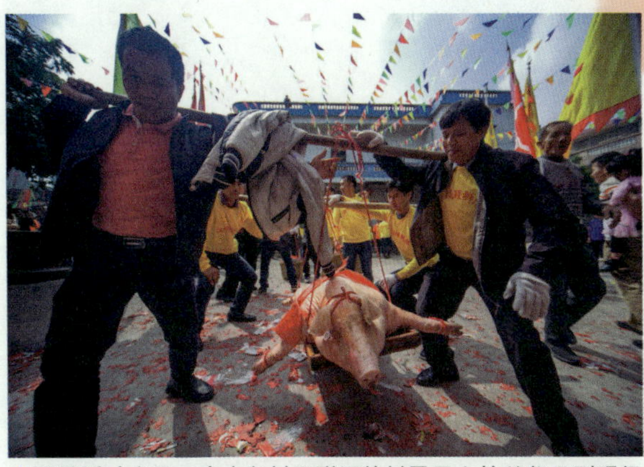

▲巡游活动当天，麦水各村及附近的村民早上抬着祭品到现场祈福

据村中老人回忆，1949年农历二月是新中国成立前最后一次举办勅力诞活动。当年恰逢十载酬恩，为了维护秩序，麦水村的结义兄弟村——高明伦埇村派出了七八百人，乘坐渡轮来到麦水村，协助维持治安。之后勅力诞游神活动停止，直到1988年才重新开始每年一度的巡游，“十年酬恩”直到2009年得以复办。2009年，麦水村邀请了中国香港、澳门及东南亚等地的海外任氏乡亲回乡，上万人参加了这场时隔60年的游神庆典。许多海外乡亲并未经历过打醮活动，但父辈祖辈口耳相传，让他们对勅力诞以及遥远的故乡，始终存有一份亲近感与认同感。在喧闹的锣鼓鞭炮声中，来自共同先祖的骄傲与认同感，把四散各地的任氏血脉牢牢地凝聚起来。

▲村民邀请道僧为村民向勅力元帅祈福

▲两人打铜锣领头开路，赶走邪灵

▲巡游时，由四人抬神像，寓意做人四平八稳

▲到各村巡游

如果说，勅力诞游神习俗这种极具特色的传统民俗活动，是乡愁的一部分，那么，在高速发展的过程中，这份乡愁又是否会在时代与观念的冲击下消散呢？今日的麦水村，不少年轻人对游神活动充满感情，他们积极投身巡游的队伍中，成为敲锣人、持伞人、抬神像人。对他们而言，这是一份难得的荣耀。同时，勅力诞也在逐渐接受新的改变，巡游队伍的人选不再指定来自哪个生产队，只要是麦水村籍贯的任氏子孙，都可以在巡游当中扛起帅旗、敲响铜锣。勅力诞古老的巡游仪式，张开双臂拥抱了年轻的后人们，也让纪念先祖、凝聚血脉乡情的意义，在新的时代继续流传下去。

后记

AFTERWORD

经过近一年的辛勤劳作，这本书终于付梓。

首先，感谢市委市政府的大力支持。从书籍构思、人力组织到资金筹集，市委宣传部、市文化广电旅游体育局的领导都亲自过问，帮我们指明方向，并多方协调解决困难，为书籍的顺利出版提供了坚强的保障。

其次，要感谢鹤山市文化馆和各街镇的文化工作者。几年前，鹤山市文化馆已有了出一本记录鹤山非遗专著的想法。这几年，在各镇街文化站的大力支持下，文化馆着力收集整理有关项目资料，对原始材料进行分析、提炼，逐步积累大量反映非遗面貌的照片和文字，为书籍的撰写出版奠定了较为扎实的基础。

再次，要感谢江门职业技术学院的鼎力支持。学院团队对每个项目进行了细致全面地梳理，对前期的文稿进行了再加工，使之更适合阅读。文化馆与团队密切沟通，几易其稿，逐步形成了本书底稿。合作期间，双方都展现了严谨的专业态度和勤勉的敬业精神，终不辱使命，交出了合格答卷。

最后，要感谢对本书提出宝贵意见的广大同仁，我们汲取了你们的意见，使本书更趋完美；感谢中国华侨出版社的大力支持，为我们呈现出印刷精美的书籍。

由于水平有限，书中仍不免有一些不尽人意的地方，恳请广大读者批评指正。

本书编委会
2021年5月